U0112072

大展好書　好書大展
品嚐好書　冠群可期

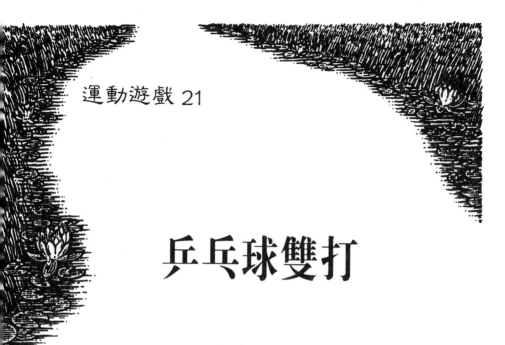

運動遊戲 21

乒乓球雙打

李浩松／著

大展出版社有限公司

目　錄

一、雙打簡介

1.世界乒乓球運動及雙打的發展過程

自 1926 年 12 月在英國倫敦舉辦第 1 屆世界乒乓球錦標賽的近一個世紀裡，世界乒乓球運動經歷了幾個不同的發展時期。

●歐洲乒乓球運動的全盛時期

從第 1 屆世界乒乓球錦標賽起到 20 世紀 50 年代初期，歐洲選手在世界乒壇上佔有絕對優勢。1926～1951年共舉行了 18 屆世界錦標賽，在 54 項雙打項目冠軍中，匈牙利男雙選手獲得 9 項半冠軍，女雙選手獲得 9 項冠軍，混雙選手獲得 12 項冠軍，成績最為突出。

這裡找不到亞洲和非洲選手的名字。由此可見，那時的乒壇是歐洲人一統天下，而打法也是以歐洲人擅長的以削為主或削攻結合的打法佔主導地位。

●日本隊震撼世界乒壇

20 世紀 50 年代，日本選手以直握球拍的長抽進攻型打法展現了其鋒芒。1952 年在第 19 屆世界乒乓球錦

標賽中，他們首次參加比賽就震撼了整個世界乒壇，奪得 4 項冠軍，其中包括男雙、女雙兩項冠軍。其後又獲得第 23、25 屆男雙冠軍和第 25 屆女雙冠軍，第 24、25 屆混雙冠軍。

他們取得成績的原因，一是成功地運用了海綿拍，提高了乒乓球的速度；二是打法的獨創及運動員的勤奮努力。他們的技術、戰術獨具一格，衝破了歐洲的防線，使乒乓球運動的優勢從歐洲轉向亞洲。

●中國隊崛起

1959 年，中國運動員容國團在第 25 屆世乒賽的男子單打比賽中一路闖關，為中國奪得了有史以來的第一個世界冠軍。

此後，中國隊以獨特的快速進攻和旋轉多變，並配以有效的積極防守的打法，在第 27 屆世界乒乓球錦標賽中，張燮林／王志良為中國奪得了有史以來的第一個世界男子雙打冠軍；在第 27、28 屆世界錦標賽中又獲得兩次男子雙打冠軍和一次女子雙打冠軍。

中國隊的成功，將乒乓球運動在快速和技術全面發展方面推向了一個新的階段。

●歐洲復興與歐亞對抗

歐洲選手在原有打法的基礎上，吸收了日本的弧圈球以及中國快攻的長處，將快攻和弧圈球有機地結合在

一起，為歐洲帶來希望，並湧現出一批具有實力的年輕新手，如約尼爾、克蘭帕爾、舒爾貝克、斯蒂潘契奇等。

在第 31 屆世乒賽上，匈牙利的約尼爾和克蘭帕爾，重新奪回闊別 18 年的男雙冠軍，而南斯拉夫的舒爾貝克和斯蒂潘契奇也在第 35 屆世乒賽上，奪回闊別 25 年的男子雙打世界冠軍。

歐洲的進步對亞洲各國技術的提高也抓起了積極的促進作用，中國運動員面臨著新的挑戰。

在這期間中國男子雙打奪得一項冠軍，女子雙打壓得兩項半冠軍（包括楊瑩（中）和朴英玉（北韓）合作奪得一項冠軍），混雙奪得三項冠軍。這些雖然顯示了亞洲的實力，但在男子方面，歐、亞勢均力敵的局面已經形成，女子方面亞洲仍然領先。

●中國隊一枝獨秀

1981 年，中國隊在第 36 屆世乒賽上囊括了 7 項冠軍和 5 項亞軍，創造了世界乒壇 55 年來由一個國家包攬全部冠軍的記錄。

此後，在第 37、38、39 屆世乒賽上中國又連續 3 次奪得 6 項世界冠軍。但在第 40 屆世乒賽上，成績滑至低谷，男隊丟掉了所有項目的冠軍（包括混雙），女隊仍保持領先。

●「世界打中國」局面的形成

自 1988 年乒乓球項目進入奧運會以後，歐洲乒壇職業化迅速發展，各種比賽頻繁，加上待遇優厚，極大地促進了歐洲乒乓球技術的發展，形成「世界打中國」的局面，以瑞典為首的歐洲男隊，已領先於中國隊和亞洲各隊。同時，中國女隊也受到嚴重挑戰。

中國男隊走出低谷，是從男雙項目最先有所突破。第 40 屆世乒賽中國隊是第 3 名，到第 42 屆時取得了男雙金、銀、銅牌以及混雙金牌。第 43 屆世乒賽的全勝，改變了自 80 年代末至 90 年代中期世界乒壇的實力次序。

在第 44、45 屆世乒賽上，中國男女隊再次奪得 6 項冠軍。在剛剛舉行完的第 46 屆世乒賽上，又一次奪得 7 項冠軍、4 項亞軍。在第 26、27 屆奧運會的全部比賽項目中獲得全勝，再一次證實了中國乒乓球運動的水準和實力。

2.雙打項目的特點及重要性

雙打項目傳遞隨著乒乓球運動發展的全過程，經歷了巨大的發展變化，它是由小到大、由弱到強，在人們心目中的地位逐漸提高。雙打的特點及重要性主要體現在以下幾個方面。

●雙打比賽能夠充分展示乒乓球運動自身的魅力，

能充分體現乒乓球快速、多變、緊張、激烈、刺激的內涵。雙打比賽能充分體現出團結、向上、協作的團隊精神。

● 規則的不斷完善，為雙打項目的發展注入了新的活力，使其觀賞性更強。

● 技戰術水準的不斷提高，促進了雙打項目的普及與發展。

● 雙打項目進入奧運會，極大地提高了雙打項目在乒乓球運動中的地位，激發了各國教練員、運動員對雙打項目的研究與重視，這些對雙打技術的提高具有深遠的意義。

3.雙打的現狀與發展趨勢

乒乓球技術的不斷發展，器材的不斷創新，打法的不斷豐富，技戰術水準的日臻完善及運動員各自技術綜合實力的提高，極大地促進了雙打項目的迅猛發展。

1988 年乒乓球被列入奧運會比賽項目，共設 4 個單項比賽，其中雙打佔有一半，具有重要的意義和作用。為此，各國不斷加大對訓練、科研的資金投入，並組織不同級別的大型雙打比賽，大大提高了雙打比賽的水準及觀賞性，擴大了雙打比賽的影響。

2000 年的規則又規定比賽用球由原來的直徑 38 公釐（mm）改為現在的 40 公釐。小球變大球的目的是為了提高觀賞性，增加回合，吸引觀眾，擴大影響，提高

收視率。而球大速度慢、回合多更有利於雙打項目的發展。

　　規則規定雙打是由雙方的四名選手按順序交替擊球，發球從本方右1／2臺面發到對方右1／2臺面，雙打的配對可根據不同持拍、不同類型打法、揚長避短、互為補充等進行最佳組合，充分發揮各自的最大優勢，只要把各自特長優勢在比賽中充分地發揮出來，往往會出現以弱勝強的情況，從而使得比賽的懸念更強，這也正是雙打項目的魅力所在。

　　可以預料，今後雙打項目的比賽將會日趨緊張激烈。世界各國都在注重使訓練更具科學性，根據運動員的神經類型、打法特點合理搭配，同其他項目一樣從小培養，進行長期系統的科學訓練，掌握一整套克敵制勝的過硬戰術套路，使其形成默契並形成自己的風格。

　　根據乒乓球運動的發展規律，今後雙打項目的發展趨勢會有以下特點：

　　● 技術打法向更加快速的方向發展是總趨勢，速度、旋轉互相滲透，節奏變化要求更趨完善。

　　● 弧圈球技術和反弧圈球技術，在相互制約中發展提高。

　　● 力爭主動先發制人，爭取在前四板（包括發球、發球搶攻、接發球、接發球搶攻）中發揮出個人技術特長。

　　● 技戰術的默契及高度統一、走位迅速合理是今後

雙打項目的核心內容。

● 不同類型打法、利用兩面不同性能球拍的旋轉變化等，都要在「變、轉、攻」上下功夫。

● 接發球在「凶、變、刁」方面更顯突出。

● 控制落點、攻守轉換將會得到進一步提高，力爭更加全面地掌握技術。

總之，雙打技術將朝著更加積極主動、各自特長突出、技術更加全面、戰術變化多樣、配合更加默契的方向邁進，向著更快、更新、更猛的方向發展。

4. 中國雙打的狀況

四十多年來，中國乒乓球運動以團體賽和單打項目為主、雙打項目為輔的指導思想取得了重大成就，技戰術水準得到空前的提高和發展。

當乒乓球項目進入奧運會後，雙打已佔全部比賽項目的 50%，這些重大變化使雙打項目的地位突出顯現出來。為此，我國進行了單、雙打並重的戰略轉變，並取得了突破性進展。

目前，中國雙打項目在保持各單項技術優勢的同時，更強調兩名選手各項技戰術之間的銜接（在落點、旋轉、速度等方面），使之成為一個有機的整體。

經過多年的努力，我國擺脫了雙打項目「落後」的地位。在技戰術上徹底改變了以往我國運動員只能進攻，不能防守，只能近臺、不能中遠臺，一旦相持就被

動挨打的不利局面，形成了完整的訓練體系。發球及搶攻的使用更加成熟。

　　發球以近網短球為主，在旋轉變化上有了長足的進步，同伴的搶攻更趨完善。

　　接發球在「撇、挑、切、點」等技戰術方面有了新的突破，並能為同伴的防守及搶攻創造更加有利的條件。相持技術進一步提高，在相持球的對抗中，不但能回擊不同的旋轉、速度、力量、落點的來球，同時能運用默契的配合、快速的步法移動，合理地回擊各種來球（節奏快慢、力量大小、旋轉強弱等），顯示出了我國運動員紮實的功底和實力。常常通過防守反擊高質量的來球，創造得分機會。

二、雙打技術

1.雙打特點

雙打技術是建立在單打技術基礎之上的，一般來說單打技術水準高，雙打水準也會相應較高，但這並不是絕對的。也有兩個高水準運動員配對組成的雙打，在比賽中未能取得最好成績的情況，原因是雙打和單打比較有著不同的特點。

雙打是兩名運動員的協作配合，因此，要求運動員必須真誠團結、同心協力、嚴於律己、寬以待人，這樣才能在比賽中做到通力合作、互相體諒、增強信心、鼓舞鬥志。

雙打運動員在技術上應相互了解、共同商量、反覆研究、取長補短，在比賽中緊密配合，為合作者創造機會，儘可能不給同伴製造困難。

雙打運動員在戰術上必須盡量發揮個人的技術特點和長處，攻擊對手的弱點，並設法彌補同伴的缺點，不給對方可乘之機，才能多佔主動，減少被動。

兩名選手要想在思想、技術、戰術等方面真正做到相互了解、團結協作，必須經過較長時間的配合，透過

訓練和比賽不斷總結，創造出合乎兩個人的特點、要求和行之有效的戰術來。

此外，雙打由於走動範圍大，除了左右跑動外，還要前後跑動，位置不易固定，站位近的不可能自始至終均在臺前，站位遠的也不可能一直都在中、遠臺。因而應善於回擊各種落點的來球，兩個人既要能在近臺進攻，也要能在中、遠臺相持與防守。但以快攻為的配對，其主導思想必須明確，站位近才能充分發揮進攻的威力，不到迫不得已不要輕易離臺。

輕易離臺一則影響速度和主動進攻的威力，二則會使自己的照顧範圍擴大，容易造成更多的困難，於已不利。

2.雙打組合

人們都知道乒乓球項目是以個體為單位進行的比賽，通過每個運動員的各自努力，最後積分多的一方獲勝。雙打是由兩名選手在各自的技術上優化組合、充分發揮各自的最大優勢、儘可能回避各自的弱點、互為補充進行的比賽。

因此，它區別於其他各個單項比賽。它以最大限度地發揮各自的聰明才智，相互配合、協同作戰、為同伴創造更多的機會而最終取得勝利為目的。

對雙打組合的要求是：

● 從各自技、戰術打法的特點上進行長期配合，最

終達到「形同手足」。

‧從個人特點上進行配合，盡量按照雙打運動員應具備的技術、戰術要求，充分發揮各自的技術特長，互相補充，合二為一。

‧從氣質類型、神經類型（活潑型、興奮型、安靜型等）進行充分的考慮。

3.雙打套路

雙打的配合至關重要，從發球到接發球，從進攻到防守，每一板球都不單單是把球擊過去就完成任務，而是應把回球質量（旋轉、落點、速度等）放到頭等重要的位置上，為同伴爭得主動和有更多的進攻機會，最終取得勝利。

雙打的規律可歸納如下：

‧發球要短、長結合，以短為主，主要根據對手的具體情況進行選擇。

‧接發球要積極主動，樹立果斷敢打的意識，結合控制落點變化，達到柔中有剛、剛中有柔的程度。

‧發左擊右，發對方右半臺左 1／2 處短球後，同伴根據來球搶攻對方右大角，往往造成對方同伴判斷失誤（對不同持拍選手配對的戰術）。

‧發右擊左，發對方右半臺右 1／2 處近網短球，同伴根據對方回球情況，攻擊對方左半臺，造成對手的同伴步法移動混亂（對不同持拍選手配對的戰術）。

● 發右攻中路，發右半臺 1／2 處短球後，根據回球情況進攻對方中路，使對方難於防守，這種套路對橫板運動員（歐洲運動員）效果最佳（對兩面橫拍選手配對的戰術）。

● 發右長球防三條線（要求突然、旋轉變化大、線路刁），當同伴 A 發球後對方用弧圈球及發力攻還擊時，同伴 B 及時移位至中臺，回防到對方空檔或追身位置，這要根據對手的跑位情況來定（牽扯注意力的一種戰術）。

● 接發球點擊斜線，根據對方的站位特點及習慣進行攻擊後，同伴快速移動至臺中回防對方的來球至對方空檔（對技術全面的選手經常採用的戰術）。

● 接發球點擊中路後，同伴快移至臺中回防對方的來球至對方中路（對兩名橫握選手配對採用的戰術）。

● 接發球點擊直線後，同伴快速移動至臺中回防對方的來球到對方空檔（同上）。

● 接發球撇落點，同樣要根據對方的站位特點、習慣及空檔來進行，一般撇左側大角度球為同伴防守創造有利條件，這種球對方一般是回本方的右側，因此，防守相對比較明確，同伴回防三條線同樣要根據對方的具體情況而定。

● 接發球擺短要短、低、轉，控制對方的進攻為同伴創造條件（對凶狠型選手採用的最佳戰術，應與其他戰術密切配合才能獲得最佳效果）。

4.雙打配陣

在單打比賽中，雙方一般均要求能首先獲得發球權，以充分利用自己的特長發球進行搶攻，從而獲得主動，為勝利奠定良好開端。

但雙打比賽，規則規定發球者必須從本方球臺的右半臺發至對方球臺的右半臺，受發球區域的限制，發球一方不如接發球一方有利。

另外，接發球一方還可根據發球者的不同技術水準自行決定接發球權。如果發球一方以發球質量高的選手首先發球，接發球的一方則可以用進攻能力較強、接發球較好的選手來對付他，力爭先發制人，奪取主動。所以在雙打比賽中，較多的選手會首先選擇接發球，因為接發球一方有自由選擇配陣的權利。

配陣如果處理得好，就能夠形成以強對弱的局面，從心理上壓倒對方，力爭先拿下第一局，為後面的比賽獲勝創造有利的條件。

當對對手的技術情況不了解時，也可以先選擇發球權，即使第一局失利，第二局還可以調整接發球的人選，還可以改變不利的局面，這是採取後發制人的戰術。在雙方技術水準比較懸殊的情況下，力量較強的一方也常會使用先發球的配陣，假如第一局贏了，那麼以後就會越打越順利。

在混合雙打比賽中，男子水準往往高於女子，因此

選擇發球與接發球時，一般均先選擇發球權，形成男接男、女接女的局面。

對方男選手打過來的球，本方男選方接，可向對方女選手發起進攻，造成以強攻弱，打開缺口。但有時由於雙方技術特點或球拍性能的不同，也可以採用對方女選手的來球由本方男選手去接、先攻對方男選手的辦法。因為，對方女選手的回球一般比男選手回球威脅小，容易取得較多的進攻機會。

當然，這種配陣必須是本方女選手有較高的防禦技術，能頂得住對方男選手的進攻，才有可能使本方男選手充分發揮其作用。

根據雙打比賽的特點和在規則允許的情況下，臨場時可以利用短促的時間及簡練的語言和同伴商量，所以在雙打配陣中，要明確一人作為場上隊長。隊長大多由年紀較大臨場經驗豐富的隊員擔任，以便於及時發現問題，掌握戰機，組織好兩人協同作戰。

同時還要根據兩人及對手不同的技術特點，每場比賽在兩名選手中選擇合適的一人作為主要突擊手（先起板進攻找機會），選擇好突破口，而其同伴則作為扣殺手（連續進攻的線路、落點），兩人既要有具體分工，又要有分有合、相輔相成。

5.雙打暗示

在雙打比賽中，為了隱蔽本方的戰術意圖，同時又

需要同伴了解自己的戰術變化，使之達到同步的程度，
經常採用一些手勢、暗語或某種特定形式來傳遞各自的
信息和想法，以達到克敵制勝的目的。常見的方法有如
下幾種。

●手勢

常見的手勢有：向下伸出拇指表示發下旋轉；向上
伸出拇指表示發上旋球；向下伸出食指表示發長下旋
球；向上伸出食指表示發長不轉球；伸出中指表示發急
上或急下旋球；攥拳表示發中路短球等。

這些手勢既可由發球者向同伴暗示，也可由同伴用
手勢暗示發什麼樣的球，這些都是長時間配合形成的默
契或習慣，是兩名運動員之間相互信任、心心相印的具
體體現。

●暗語

由於雙打具有其特殊性，運動員常常在不妨礙比賽
進行的同時，用相互提示、交談等方法來達到同伴間的
交流配合、爭取主動的目的，這些在撿球的過程中或在
交換發球權的間隙等可進行。如在接發球前的一瞬間，
利用暗語，如「要穩、頂住、好球」等來表達同伴之間
「心」的交流，互相鼓勵。在不順利的情況下採用一些
暗示動作，如拍拍同伴的肩膀以表示安慰、鼓勵，共同
扭轉不利局面，最終取得勝利。

●某種特定形式

這些特定形式是運動員之間在長期訓練和比賽中形成的，往往隨著比賽激烈程度的不斷深入而充分地體現出來，使這達到展我威風、滅敵志氣的目的，同時也是克敵制勝的一種心理戰術運用到比賽中的有效手段。

如在連連得分時同伴之間雙擊或單擊手掌、相互擁抱、相互高喊「加油、好球」等。處於被動時，尤其是當連續失分時，常常以簡短的話語進行安慰，或拍拍肩膀或拍拍臀部以示交流，更多的是給予鼓勵等等。這種無聲的鼓勵對運動員克服困難、扭轉敗局、取得勝利有時起著很有效的作用。

6.雙打心理

雙打是由兩個大腦司令部指揮作戰，這也是雙打不同於單打的顯著特點，兩人的心理狀態都好是雙打取勝的條件之一。雙打運動員應具備必勝的信息（其中包括對同伴的信任感）、果斷運用各種技術的決心和機智的應變能力等心理素質。

當兩名選手都能正常發揮技戰術水準時，常常表現出相互鼓勵、相互影響、自信心倍增，因此，越打越好或超水準發揮各自的水準，往往能創造出奇蹟。

當一名選手能正常發揮水準而同伴失常時，這就需要對同伴從心理上多給予鼓勵，如採用暗示、暗語等手

段增強同伴的信心，及時調整技戰術，消除其心理上的障礙，使其恢復正常競技狀態。

在比賽中處於被動時，兩名選手都應保持頭腦清醒，從心理上承擔起各自的責任。及時分析失利的原因，及時改變戰術。絕不能互相埋怨、互相依賴、互相推諉，造成技戰術變形、回球質量降低，給同伴帶來被動。應多為同伴考慮，良好的心理素質是及時改變技戰術的基礎，只有這樣才能共同度過難關。

7.雙打發球

發球一方要將發球練精，也就是長球要發得又長又急不出界，短球要發得又短又低不落網，既要有旋轉變化，又要有速度、落點變化。只有這樣才能壓制對方的攻勢，為同伴搶攻創造更多的機會。

在雙打比賽時，發球者必須和同伴很好地配合，才能使搶攻收到好的效果。乒乓球的打法很多，技術各異，因而每個運動員的發球也就不會完全一樣。常有這樣的情況，甲的發球很好，但乙搶攻這種發球卻不太好，反過來乙所掌握的發球甲也不一定能很好地適應。

這就需要兩人在平時多做發球與搶攻的練習和配合，才能在比賽時步調一致，緊密結合，使發球和搶攻達到預期的效果。

雙打比賽中，遇到不同類型打法的對手，發球的方法常會有所區別。例如：對付以攻為主或以拉弧圈球為

主的對手時，發球要盡量以短的強烈下旋球為主，配以短的不轉球或側旋球及突然性的急長球或側上、下旋長球，使對手難於接發球搶攻，只能輕拉一板或以搓球回接，以利於同伴的搶攻。

在對付以削為主的對手時，一般來說對方運用接發球搶攻的情況比較少，可考慮適當多發些長球，如以發側上旋、急下旋球為主，以短球作配合，長球發至中線稍偏右或右方大角度，效果更好些。

8.雙打接發球

雙打規則規定，接發球者必須在球臺臺面的右1／2處進行，因此，雙打的接發球相對比單打要容易，而且照顧範圍也小，接發球一方應積極利用接發球的有利時機力爭主動，這在對攻戰中更為重要。

以快攻為主或以拉圈球為主的配對，一般採用正手接發球的情況較多，故接發球一方的站位十分重要，如果是一左一右的配對，各佔一方，站位較方便；如果兩人都是右手握拍，則接發球時站位應稍偏右（圖1），這樣對回接中線稍偏右的來球易迅速讓位，同時有利於回接各個落點的來球。

但有些人善於用反手去接發球，其站位常會略偏於右角。

雙打在接發球時，首先應考慮如何接得主動，為同伴創造扣殺機會或直接得分，但鑒於目前運動員發球技

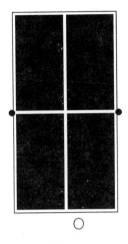

圖1

術水準較高，接發球者要以強攻直接得分是比較困難的。因此，只有掌握好快點、快拉臺內球技術，既能攻右大角，又能攻追身，也能配合攻左角，並以落點的靈活變化來調動對方或針對對方的弱點進行回擊，才能為同伴創造更多的進攻機會。

　　另外，接發球時還要善於和同伴配合。例如，用快點或快拉接發球時，要預先向同伴打招呼，使同伴做到心中有數，有充分的思想準備。

　　因為進攻對方的右大角時，對方也常會回擊自己的右大角，這就會使同伴的走動範圍增大，若進攻直線球則有利於同伴在左半臺進行強有力的推擋或側身搶攻。但究竟是多打斜線還是多打直線，這要根據同伴的技術特點來決定。

同伴正手是特長，可多攻對方右大角，同伴反手推擋與側身攻是特長，則可多攻直線。如遇對方發過來的球又短又低又轉，考慮到運用快點、快拉把握不大時，也可改用快搓兩大角或中路來控制對方，使對方難以搶攻，然後再伺機進攻。

對付以削為主的選手，接發球可稍穩一些，不必攻得過急或過凶，以免增加自己的失誤。橫拍以削為主的運動員，雖然較多地運用削和搓去接發球，但有時也要用搶拉的方法去回接，借以擾亂對方，爭取主動。

若用削和搓來接發球，應以回接到對方攻擊力較弱的一方為主，以便於同伴的下一板接球。

若偷襲對手攻擊力較強的一方，則要告訴同伴事先做好準備，以免對方回球到自己的右大角時，造成同伴的被動。

9.雙打規則要求

● 雙打中發球員與接發球員的確定

由發球方確定第一發球員，再由對方確定第一接發球員。

第二個發球員為第一個接發球員，第二個接發球員為第一個發球員的同伴。

第三個發球員為第一個發球員的同伴，第三個接發球員為第一個接發球員同伴。

第四個發球員為第一個接發球員的同伴，而第四個

接發球員為第一個發球員，第五個發球員為第一個發球員。依此類推，直至該局結束。

● 在雙打比賽第一局結束之後的各局中，確定第一發球員後，第一接發球員應是前一局發球給他的運動員。

● 在雙打決勝局中，當一方得 10 分時，接發球方應變換接發球次序。

● 雙打發球、接發球次序的記憶

第一局開始，已經確定甲 1 發球、乙 1 接發球後，即形成全場比賽發球員和接發球員的固定關係。

乙 1 發球甲 2 接發球，甲 2 發球乙 2 接發球，乙 2 發球甲 1 接發球，以後各局，發球員雖由發球者自行決定，但是接發球員應是相對固定。

決勝局開始，如甲 1 先發球乙 1 先接發球，則打到 4：9 時是甲 2 發球乙 2 接發球。如乙方得分，比分為 4：10，原順序為甲 2 發球乙 2 接發球，交換方位後應由甲 2 發球乙 1 接發球；如甲方得分，比分為 5：10，交換方位後應由乙 2 發球甲 1 接發球，但因規則規定要調換接發球員，結果應甲 2 接發球，實際上只是由甲 2 發球乙 2 接發球改為乙 2 發球甲 2 接發球。所以，裁判員只要在第一局開始時，根據雙方決定的發球、接發球次序，認定哪一側發球是「順向」哪一側發球是「逆向」，就可以很方便地記住接發球員的順序。

三、雙打戰術

　　雙打的戰術運用是兩名運動員相互配合、融會貫通、取長補短獲取優異成績的結晶，是通過合作的方式來達到克敵制勝、運用集體的智慧獲取最佳戰術組合的表現形式。雙打比賽更講究戰術配合，更具戲劇性，也更具魅力。但由於雙打是雙方四名選手在走動中擊球，回合次數相對單打要少。因此，雙打對戰術要求更高，先發制人、力爭主動的戰術思想在雙打中體現得尤為突出，往往在前四板球就決定一分的勝負。

　　即使是以削為主的配對，也應貫徹積極防禦、力爭主動的指導思想，以旋轉變化和逼大角控制對方，伺機組織反攻。單純的防禦是十分被動與不利的。

　　根據當今世界雙打優秀選手所採用的戰術套路，以及雙打技術和發展趨勢，現將幾種不同類型打法所運用的主要戰術介紹如下。

1.快攻類打法對快弧類打法的主要戰術

（1）發球搶攻的戰術運用

　　發球者以發側上、下旋或轉與不轉的近網短球為

主，配合發長球至對方的右大角和中路稍偏右處。要求發球要短、旋轉變化要大、動作要逼真，並通過暗示及時傳遞給同伴。搶攻者有意識地根據回球的落點、長短及旋轉進行有目的、有準備的搶攻，擊球用力大小、速度快慢、旋轉強弱應根據來球加以調節。

要求搶得快、落點活，盡量打到對方的空檔，或有針對性地打到對方的薄弱區域。

（2）接發球搶攻的戰術運用

首先對發來的球要判斷清楚，以快點為主或用快拉去回擊，必須樹立敢打必勝的信念。要求出手快、落點活，配合突然的假動作，主要攻擊對方空檔。有時也可做相反的運用，以便為同伴創造進攻機會。當不能起板進攻時，可運用多種技術（擺短、切、撇等）過渡一板。要求落點好、具有突然性，使對手不容易搶攻，為同伴下一板進攻創造機會。

（3）連續攻對方某一點後變線的戰術運用

根據對手的握拍情況（兩名右手握拍）和總體技術特點、配合默契程度，連續攻對方正手位或反手位，把對方調到某一角上造成對方步法移動的混亂，不給對方反攻的機會，然後再攻對方的空檔。

有時也可根據場上的形勢攻擊對方不同的空檔，為同伴扣殺創造更多的機會。

（4）從中路突破再變線的戰術運用

如果對方是兩名身材高大，右手橫握球拍（歐洲此類打法較多）、技術水準較高、攻勢很強的弧圈球選手，尤其是正、反手攻擊控制範圍較大，均能拉出強烈上旋球時，那就要從中路突破。

首先應在發球、接發球方面嚴格控制臺內短球，伺機搶先突擊，力爭主動打至對方中路，使對方處於被動防守的局面後，突擊變線，從而為扣殺創造更多的機會。切不可求穩過渡、防禦過多，以致造成被動挨打的局面。

（5）連續攻擊追身球的戰術運用

當對方是一左一右橫握球拍弧圈球類型打法時，由於對方正反手兩面都能進攻，步法移動較容易且防禦範圍較大，這時應從對方的身體中部突破（追身球）。

發球、接發球、過渡球等都應以中路近網短球為主，配合兩個大角，根據對方站位及走位的情況，伺機攻擊中路，造成回擊者移位困難、走位混亂甚至出現碰撞，從而為進攻創造更多的機會。

（6）以近網短球控制為主突擊變各條線路的戰術運用

這主要是針對削球或中臺防禦型選手所採用的戰術，發球應以側上旋為主，伺機攻擊各條線路，過渡球

注意控制好落點，並主動配合好轉與不轉，爭取搶先突擊，要求速度快、落點刁、突然性強，能根據場上對方的站位及走位情況突擊對方的空檔，伺機扣殺。

2.弧圈類打法對快攻類打法的主要戰術

（1）發球搶攻的戰術運用

發球者以發下旋、側下旋近網短球為主，配合急側下旋球以牽扯對方的注意力，使對方在接近網短球上只能以搓球回接，充分發揮弧圈球的威力，這需要兩名選手在場上的默契配合，要求接弧圈球選手在旋轉、落點等方面質量要高，為同伴創造更多連續沖或扣殺的機會。

（2）接發球搶攻的戰術運用

接發球以快拉、撇、挑等技術至對方的空檔或反手位，造成對攻的形勢。因為快攻的特點主要表現在前三板（中國、韓國運動員運用較多）攻擊突然、落點刁鑽，所以，主動與對方展開對攻，充分發揮弧圈球正、反手兩面拉的優勢，局面自然能得到控制。

如自己的相持能力不佔優勢，則可多採用擺短或切加轉長球來回接，這樣在防禦方面相對較容易，用快帶、反剔等技術回擊對方反手位形成對攻，再伺機拉弧圈球去爭取主動。

（3）相持中攻擊對方薄弱區域後變線的戰術運用

當技術水準接近、雙方在前四板都適應了的情況下，就要及時地調整戰術。首先就要從對方較薄弱的環節、區域，薄弱的人或直握拍的選手反手位發動攻擊。打起相持時，可多拉弧圈球到對手的以上某個區域找機會，再突然拉、沖對方的空檔。當然有時也可及時根據場上對手走位、注意力等方面做相反的運用。

（4）以不變應萬變的戰術運用

當對方技、戰術出現明顯漏洞或在對方兩名選手中有一名實力明顯較弱的情況下，有意識有目的地把所有來球都控制回擊到對方的某一區域或某一人，能起到很好的效果；而對另一名技術水準較強的選手，在控制落點、旋轉等方面要極為謹慎，不能給對方任何機會。

（5）防守反攻的戰術運用

兩名削球選手在進行防禦的過程中，應積極運用逼兩大角和削轉與不轉球，迫使對方拉高吊弧圈球或放短球過渡，伺機進行反攻。這需要兩名選手默契配合、心領神會，尤其是在關鍵場次、關鍵比分時運用此戰術，效果最佳。

進攻型選手在被動防禦時可用放高球技術（歐洲選

手較多），要求弧線高、旋轉強，應盡量放到對方端線附近，迫使對方不能大力扣殺，為反攻創造機會。現在這項技術已越來越受到重視。

3.弧圈類打法對弧圈類打法的主要戰術

（1）發球搶攻的戰術運用

一直一橫選手的配對，發球者多以中路近網側上、下旋或轉與不轉球為主，適當配合有速度的中路長球，這種突出「中路」的特點主要是為了限制對方回大角度球，為同伴創造機會。

現在的最新技術是，當對方快拉、挑、點過來的球時，同伴應利用反剔技術進行搶攻至空檔，這往往使對方措手不及。

（2）接發球搶攻的戰術運用

充分利用弧圈球技術的特點，積極主動搶先上手（滑板、快拉、挑、點）打對方的空檔。當對方站位遠離球臺或進攻能力較弱時，可用擺短至中路過渡，為同伴進攻創造機會，要求回球旋轉強、弧線低、落點好。

（3）對拉中交叉攻擊兩大角的戰術運用

當對手是兩名右手握拍選手或是一名直握、一名橫握選手時，應充分運用拉兩條斜線，迫使對方大範圍地

在跑動中回擊來球，造成對方回球質量不高、步法走位混亂，出現機會大力扣殺，從而掌握場上的主動權。

（4）對拉中拉一點突然變線的戰術運用

在相持階段，兩名弧圈球選手用強烈的前沖弧圈球連續攻擊對方的一條線路，迫使對方只能被動招架，形成兩名選手擠到一個位置上而出現空檔，此時應看準機會突然變線。

當防禦強烈的弧圈球時，在被動防禦的過程中尋找戰機突然變線，往往能變被動為主動，從而扭轉被動局面，伺機進行反攻。

（5）站位變化的戰術運用

隨著比賽的不斷深入，在雙方各自的技術、戰術和打法等特點都已被對方適應的情況下，可利用變化站位的形式來迷惑對方。

如正手拉接近網短球較弱、接長球較強，而在接發球時改用反手位接發球的站位來迷惑對方，達到擾亂對方發球戰術的目的，伺機為進攻創造機會。如接突然發過來的急長球不好，就主動在接發球時適當遠離球臺，造成有意識接長球的假象。

當對方發球的一瞬間立即移動步法，從而為自己在接發球上贏得主動。這種變化站位的方法在關鍵時刻往往能產生非常好的效果。

（6）防守反攻的戰術運用

首先應具備頑強的意志品質、高度的責任感與堅定取勝的信心，同時還應具有良好的防禦能力及手上感覺、靈活的步法移動能力。

通過激烈爭奪而取得的一分球，能夠鼓舞士氣，增加心理優勢，從而扭轉整場比賽的戰局。採用此戰術時，防守要求弧線長、落點刁、旋轉強，為同伴反攻創造有利條件。

4.快攻類、弧圈類打法對以削為主打法的主要戰術

（1）拉一點突擊兩大角的戰術運用

充分利用過硬的拉球或弧圈球技術，過渡到對方某一點尋找機會，造成對方兩名選手步法移動不到位、身體躲閃不及，然後進行突擊和連續扣殺；或拉弧圈球突擊對方兩名選手不同的空檔，迫使對方左右奔跑，出現機會再伺機扣殺。

（2）發球搶攻或接發球搶攻的戰術運用

利用發球搶攻與接發球搶攻打亂對方的戰術意圖，在發球後或接發球時，看準旋轉，尤其是對底線加轉下旋球，充分利用弧圈球或突擊到對方發球者或接發球者

站位中間偏右處，找機會伺機扣殺或暴沖另一方的近身或兩大角。

接發球尋找機會突然起板，造成對方措手不及判斷失誤，打亂對方戰術部署，為全局的勝利奠定優勢。

（3）拉遠吊近的戰術運用

這種戰術經常運用在以削為主的選手中。在拉球的過程中，利用長、短落點及線路的變化，伺機向站位近臺的一方進行突擊，或用吊短球誘使站位離臺較遠的選手上前接球，從而打亂對方步法，伺機拉前沖弧圈球或突擊。

在已知應對手削球的線路及旋轉變化後，可運用中等力量加強進攻，迫使對方遠離球臺；或拉對方兩大角迫使對方拼命奔跑回接來球，然後再突然吊短球，同伴伺機扣殺或沖追身及兩大角。

（4）搓中突擊的戰術運用

對於削球技術水準穩健又具有一定進攻能力的選手，利用搓球的旋轉變化、長短變化及線路變化，使對方頻繁地在前後走動回球，造成回球質量降低，再伺機進行前沖或突擊；出現機會球同伴可大力扣殺或拉前沖弧圈球，沒有機會再用搓短球過渡，迫使對方在前後走動中出現漏洞。

（5）發球搶攻的戰術運用

進攻型選手對削球選手比賽時，發球搶攻戰術雖不如進攻型對進攻型選手那麼重要，但若能把握發球搶攻戰術，採取突然襲擊的方法，往往令對方措手不及，能收到比較好的效果。如在發球時突然改變發球旋轉；連續發近網短球後突然發急長球進行搶攻；在連發長球後，突然改發短球進行搶攻等，能在心理上佔據主動，起到擾亂對方的作用。

（6）拉兩大角突擊中路的戰術運用

在拉球的過程中，向對方站位的相反方向過渡，迫使對方大範圍地移動步法造成碰撞，伺機扣殺中路。要求拉球線路長，落點刁，旋轉、速度、節奏、變化大，這樣才能出現機會。

（7）拉中路突擊中路的戰術運用

對於橫拍削球選手，中路球往往是他們的「盲區」，在這個位置上移動容易造成兩名選手碰撞，使其技術不容易很好地發揮，因此，回球的難度相對降低，不容易製造出強烈的旋轉球。

因此，可利用拉球過渡來造成對方判斷上的錯誤而出現機會球，然後伺機大力扣殺或拉強烈的前沖弧圈球至中路（追身）獲取主動。

（8）快攻與弧圈球結合旋轉、節奏變化的戰術運用

正膠直握拍選手與橫握拍弧圈球選手結合，可在比賽中充分利用膠皮本身的特點，拉出旋轉反差大、節奏變化多的球，使對方由於頻頻前後移動和擊球時間上的判斷失誤，造成回球質量較低，然後伺機進行大力扣殺或前沖弧圈球。

（9）被動防禦的戰術運用

當對方選手防守技術實力強於本方的進攻實力時，可有意改變節奏，如拉弧線高的球或用搓球過渡，有意讓對方進攻，盡量避免連續拉攻，從而由被動轉為主動。

在對方突然進行反擊的情況下，可利用放高球進行過渡，要求旋轉要強、落點要好，尋找機會進行反攻。

5.以削球為主打法對快攻類、弧圈類打法的主要戰術

（1）削一點伺機反攻另一角的戰術運用

連續削對方一點，將對方兩名選手調動到同一位置上，然後伺機進攻對方空檔；或採用交叉削球到對方不同的空檔，使對手不斷地向左、右移動，再伺機反攻對

方空檔或近身（盲點）。

（2）削逼兩大角突然送另一角伺機反攻的戰術運用

當對方進攻能力比較強並具備很強的殺傷力時，應採用連續交叉逼對方兩大角戰術，不給對方從容扣殺的任何機會，使對方在大範圍走動中回擊來球，然後突然送另一角，造成對方移動錯誤，伺機進行反擊。要求弧線低、角度大、旋轉強。

（3）逼削兩大角伺機反攻的戰術運用

這是當對方實力明顯強於本方時，所採用的一種戰術，逼、削兩大角使對方忙於左右奔跑，不給對方任何進攻機會，尋找機會果斷反攻，有一種搏殺的含義。

（4）發球搶攻的戰術運用

當比賽處於被動局面或比賽進入到關鍵時刻時，以發近網轉與不轉短球為主，配合突然性發球擾亂對手，由同伴進行搶攻，往往能扭轉敗局出奇制勝。

（5）接發球搶攻的戰術運用

這種戰術常會打亂對方的作戰計劃，從心理上給對方造成很大壓力，同時也能給同伴創造機會，使自己增強信心和削球的主動性。

但在運用接發球搶攻時，應提前向同伴示意作好準備，方能取得預期的效果。

（6）削轉與不轉球的戰術運用

在對方拉攻實力相對較弱或其中一名選手相對較強、或在比賽進入關鍵時刻時，多採用此項戰術，造成對方判斷失誤、進攻保守、信心不足等。

先以削加轉球為主再送不轉球，使對方拉球出界，當對方明顯手軟、不敢輕易大力扣殺時，多送不轉或弧線稍高一些的球，引誘對方發力，造成其失誤。這是削球選手普遍採用的戰術。

6.防守對防守的主要戰術

（1）拉、搓結合的戰術運用

首先要樹立搶攻意識，其次搓球要有長短、快慢及旋轉的變化，這樣才能為突擊創造更多的機會，同時也能打亂對方的戰術意圖，為防守帶來良好效果。應注意搶攻要果斷，線路要清楚。

（2）發球搶攻與接發球搶攻的戰術運用

一方面可採用特長發球技術伺機進行搶攻；另一方面也可根據同伴的打法特點有選擇地發球，以利於同伴進行搶攻。接發球時，可以伺機大膽地採用突然性接發

球搶攻，以取得主動。

（3）前、後站位的戰術運用

當兩名選手各自的特點明顯時，擅長反擊的選手可稍前站位，以便於搓球和反擊；另一名擅長防守的選手可站位稍後，預防對方突然襲擊形成攻守兼備的局面。

（4）防守反擊的戰術運用

當對方的攻擊力強於本方時，在加強防守的同時，積極尋找機會進行反攻，從而削弱對方的攻勢。實施此戰術時應積極移動步法，同伴要作好連續進攻的準備。

乒乓球雙打

四、雙打配對的選擇

　　雙打配對的兩名選手是否默契，是取得成績好壞的重要條件之一。兩名運動員必須發揚團結互助、真誠合作的集體主義精神，顧全大局、取長補短、集思廣義、增強鬥志，達到最終戰勝對手之目的。

　　在技術特點方面，應該盡量做到合作者在站位上要各有特點，使走動範圍盡量縮小，以減少在比賽中出現互相碰撞的現象。

　　在站位上最好能一左一右或一前一後。在男子雙打和混合雙打中，水準較高的配對多為一左一右握拍的運動員，但也不乏有兩名右手握拍的運動員配對。從世界範圍講，女子的水準相對低於男子，由於她們的步法相對差，側身搶攻少，因此，只要左右兩邊攻擊能力較強、較穩健就能夠佔據優勢。

　　但從發展角度看，女子打法男性化是一趨勢，所以，應鼓勵與提倡培養不同風格、打法及特點的運動員配對。雙打配對的兩名運動員其技術風格和技戰術必須融為一體，彼此配合默契。

　　如我國優秀選手、曾獲第 25 屆奧運會及第 42 屆世界乒乓球錦標賽男子雙打冠軍的王濤和呂林，兩人在比

賽中雖很少說話，但無論誰一舉拍，同伴馬上就能知道其意圖，這種高度的默契與配合，是在長期的訓練及生活中逐步形成的。

在選擇雙打配對時，不僅要考慮不同的技術類型，還應考慮運動員不同的神經類型，並加以合理搭配。這樣會更科學、更有利於雙方之間的協調配合，使技術得到充分發揮。

從運動生理學角度分析，適應於乒乓球運動的神經類型是：活潑型、安靜型、興奮型。這三種類型雖都具有興奮性較強的特點，但他們的均衡程度以及靈活性卻各不相同。因此，他們的外在行為表現就各有特點。

活潑型一般是性格開朗、愛說、愛動、反應靈敏、適應能力強，但情緒起伏大，順利時鬥志高，困難時情緒低落。

安靜型的外在表現並不是那麼豐富，但心中有數，處理問題冷靜而有節制，可是在靈活性方面惰性卻佔優勢。

興奮型的最突出表現是好鬥性強，但興奮與抑制的轉換程度卻不均衡，往往興奮高於抑制。

儘管可以採取一些外因條件加以約束或彌補其不足（如：教練員的場外指導、平時的嚴格訓練等），但是，在高水準的大型比賽中，尤其是關鍵性的場次中，這些不足還會不同程度地有所表現。因此最理想的辦法還是能讓運動員之間儘可能地相互補充、科學搭配。

乒乓球雙打

47

雙打配對盡量不要選擇同一類型的運動員，這樣容易從心理上出現漏洞，影響相互間接協調配合。安靜型運動員是雙打中不可缺少的搭配對象，他們能和興奮型運動員搭配形成勇猛頑強、敢拼善戰的進攻型。

　　在激烈的比賽中，安靜型可以利用興奮型同伴的好鬥敢拼等特長來彌補自己存在的惰性弱點，而興奮型又可以借同伴的鎮定情緒、有節制的戰術來控制自己激動的情緒，使比賽打得富有章法和節奏。安靜型還可以借活潑型同伴的靈敏及適應快等特點，形成靈活多變、情緒穩定的攻擊型。

　　另外，安靜型與安靜型搭配，有時也能成為穩妥善變的一對搭檔，但他們的進攻強度和靈活性與前兩者相比一般會大有遜色。

　　不同神經類型運動員與不同技術類型運動員搭配，這兩者不但不矛盾，而且是密切相關、不可分割的。如果說技術類型的搭配是為了技術和戰術的需要，那麼，神經類型的搭配就是為了運動員之間性格和心理上的需要。對一般技術水準的運動員可以多考慮在技術類型方面的搭配，但對高水準的運動員不但要考慮技術類型方面的搭配，還要從神經類型方面加以考慮，使兩人配合得更加默契。

　　下面介紹幾種不同類型打法的運動員不同的配對及站位。

1.快攻類左、右手持拍選手間的配對及站位

　　這種配對在站位上一左一右，有利於減小走動範圍，能充分發揮正手攻球的威力，從而達到以快制勝的目的。49頁圖所示是從正面、側面和俯視三個方向顯示站位情況，下同。

2.弧圈類左、右手持拍選手間的配對及站位

　　這種配對在站位上能佔據有利位置，利於步法的移動，減少衝撞，充分發揮拉弧圈球的威力。但最好一名運動員擅長近臺、另一名選手擅長中臺，使之能夠在活動範圍、控制落點以及防守等方面處於更加有利的位置。如在第 27 屆奧運會比賽中獲得男雙金牌的中國優秀選手閻森、王勵勤即是這種配對。

3.弧圈類與快攻類選手間的配對及站位

在站位上一前一後,節奏上相對一快一慢,移動範
圍相對加大,這樣不容易出現碰撞,使整個比賽都給人
以在有序條件下進行的良好感覺,從心理上就佔據了很
大優勢。如我國優秀運動員孔令輝、劉國梁、鄧亞萍、
喬紅即是此種組合。

4.弧圈類與弧圈類選手間的配對及站位

最好是一名橫握球拍兩面拉、另一名直握球拍單面拉，或一名擅長正手拉、另一名擅長反手拉。這樣的配對能夠互為補充，減少活動範圍，無明顯漏洞。

5.不同類型打法選手間的配對及站位

　　由於客觀條件的制約，不可能都按理想的模式進行
最佳配對。因而可以是一名快攻型選手和一名削球選手
進行配對，或者一名進攻型選手和一名中遠臺防守型選
手配對。

　　這種組合需要進行長期的訓練磨合，使兩名運動員
能夠充分發揮各自的優勢，彌補各自的不足。

6.不同技術特長選手間的配對及站位

　　這樣的配對如果經過系統訓練後，往往能夠勝過各
自單打的成績。如一名防守型選手和一名進攻型選手的
配對；一名擅長正手進攻突擊與一名擅長反手突擊選手
的配對；或一名擅長控制落點而另一名擅長突擊進攻選
手的配對。他們之間的互補及默契配合往往會獲得出乎

意料的成績。

7.使用不同性能球拍選手間的配對及站位

一名選手使用不同性能球拍（一面是長膠、生膠，另一面是反膠、正膠）與另一名使用常規球拍選手（兩面反膠或兩面正膠）的配對。

如王濤／呂林、喬紅／鄧亞萍、王濤／劉偉。這種打法的配對球路變換莫測，往往造成對手判斷失誤或步法移動過大造成被動。

8.防守型選手間的配對及站位

這種配對以一名選手近臺逼削大角、另一名選手遠臺削轉與不轉球，或兩名選手均以運用轉與不轉削球為主（如果其中一名選手是使用兩面不同性能球拍的運動員效果更佳），它具有較強的攻勢。兩名配對的削球選

手應具備較強的反攻能力，最好是兩名都能反攻或一名擅長正手反攻、另一名擅長反手反攻。

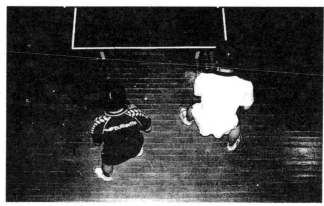

9.混雙選手間的配對及站位

由於男女之間在力量、速度及旋轉等方面存在明顯
差異，選擇配對應首先考慮一名左手握拍選手與一名右
手握拍選手搭配，以便於女選手盡量減少步法移動；或
男選手擅長突擊、女選手擅長防禦的配對。這樣有利於
雙方發揮各自的優勢，最終由男選手一錘定音。

10.進攻型與防守型選手間的配對及站位

　　這種配對相對較少，要求進攻型選手攻擊力要強，防守型選手防守要嚴密，盡量不給對方更多的進攻機會，減少同伴的防守壓力，同時又要求防守型選手具有一定的反攻或扣殺機會球的能力。

五、雙打的訓練方法

　　單打是雙打的基礎，雙打訓練是建立在單打基礎之上的，因此單打技術水準的高低直接關係到雙打技術、戰術組合的成敗。在正常情況下，單打水準高，雙打的成績就突出，所以在進行雙打訓練的同時，萬萬不能忽視各單項技術、戰術的訓練。

　　在雙打訓練過程中，要注重抓好雙打的配對、走位、發球與搶攻、接發球與搶攻，走動中擊球的質量、戰術意識、雙方間的配合等重要環節。每一環節之間都是緊密相連、缺一不可的，一定要高度重視。

　　現將有關雙打的一些訓練方法介紹如下：

1. 一人對兩人的定點訓練

（1）定點擊球練習

　　陪練方1人定點擊球到主練方臺面的反手位某一定點，主練方兩名選手輪流移動換位擊球至陪練方反手位；陪練方定點回擊來球到主練方反手拉，主練方兩名選手側身位輪流換位移動擊球至陪練方反手位（圖10）。根據主練方掌握的技術情況逐漸加大難度（主要

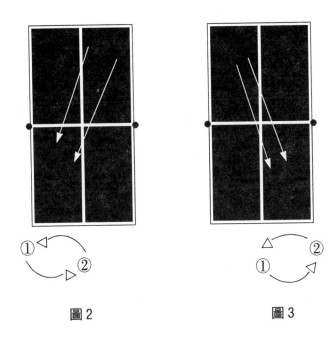

圖2   圖3

是速度），提高主練方兩名選手之間的配合、反應和步法的移動。

（2）一點打兩點

　　陪練方站在球臺右角（或左角），用正手攻球或拉弧圈球，將球交替擊至主練方臺區左右兩點，主練方兩名選手在左右穿插跑動中將球回擊到陪練方臺區右角（左角）一點。根據主練方技術掌握的情況逐漸加大難度（速度、角度），提高主練方的回球質量（圖3）。
　　可限制左或右半臺區域練習，在半臺區域內練習雙打配合及走位，逐漸提高和培養兩名選手間的默契配合

及風格特點。

（3）半臺對全臺

陪練方在左半臺（右半臺）回擊到主練方的全臺，按照實戰的要求，加大主練方的走位難度及判斷、反應能力，從中尋找規律。陪練方根據情況控制主練方的難易程度（速度、節奏、力量大小、落點變化），達到提高質量的目的。

（4）實戰演練

陪練方和主練方的各兩名選手，按照正式比賽的形式進行訓練，只是要求回球至陪練方固定區域，主練方全臺回擊各種來球，從中發現問題總結經驗，以利於鞏固成績和儘快改正不足。

2.兩人對兩人的定點訓練

陪練方兩名選手、主練方兩名選手的對練。陪練方兩名選手可分為以下方式：

（1）有序對無序

陪練方不受雙打擊球次序的限制，可任意一人連續擊球，此種方法可大大降低陪練方擊球的難度。在陪練難度較大或陪練技術水準較低的情況下，可採用此種練習方式。

（2）一點對兩點

主練方兩名選手在來回換位移動中，定點將球交替擊至陪練方臺區左右兩點，陪練方兩名選手分別站守左右半臺，將球交替回擊到主練方臺區某一規定區域。陪練方根據主練方技術掌握的情況逐步加大回球質量。

（3）兩點對兩點

主練方兩名選手在左右穿插移位中，將來球交替擊回陪練方臺區左右兩角。陪練方兩名選手分別站守左右半臺，將球交替擊回主練方臺區左右兩角。

（4）兩點對一點

主練方兩名選手交替回擊同一點的來球至陪練方的不同落點（或中路），陪練方兩名選手站守左右半臺將球擊回到主練方的某一點（提前指定中路球由哪一位陪練回擊）。

3.兩人對兩人的不定點訓練

要求陪練方技術水準較高並具有明顯特點，有針對性地進行練習。通常陪練和主練雙方均按照競賽規則進行雙打練習。此種練習是雙打技、戰術訓練的主要方式之一。

（1）攻對攻練習

主練方和陪練方均採用「緊盯一角、突然變線」的戰術。根據訓練實際，不斷提高要求和難度，最終和實踐結合。

（2）守對攻練習

陪練方採用「交叉打兩角，伺機扣殺空檔」的戰術攻擊主練方；主練方採用「交叉回擊，突然變線」的戰術積極防範。根據訓練情況，不斷提高難度，最終和實戰結合。

4.多球訓練

多球訓練是在 20 世紀 60 年代初期，我國推行「從難、從嚴、從實戰出發，大運動量訓練」方針中誕生並首先採用的，後逐漸推廣到世界各國，被認為是行之有效的增加運動負荷，提高訓練密度、強度和質量的訓練方法。

多球訓練既可連續不斷地擊球又可以多球單用，也可以一球連用，連續供出不同旋轉、落點、力量和速度的球，因而可以大大減少撿球的時間（據統計，使用單球練習 10 分鐘，實際練習只有 3～4 分鐘，其餘時間都浪費在撿球上），加強單位時間內的練習次數；對步法練習採用多球訓練能夠增大練習者的移動範圍，提高練

習難度、密度和強度；能夠提高兩名選手的配合默契程度，還能打出單球訓練難以達到的「多回合」後需要解決的「技術難點」。

從發展專項身體素質方面看，適當延長供球時間、增加供球數量也能達到提高專項耐力、發展專項力量的目的，有利於培養運動員克服困難的頑強意志。

但是，多球訓練也存在不足之處。首先是它超越了發球、接發球和第三、四板的搶攻這一階段，使技術訓練與前三、四板結合不上；其次是運動員能夠掌握供球人供球路線和落點變化的規律性，從而減少了對判斷來球的要求；再有是運動員擊球時，可以不太講究每一板及雙方之間的相互聯繫及配合和製造機會球問題；還容易使運動員產生局部疲勞現象，出現動作變形。

因此，要注意調節練習內容，掌握好練習時間和運動負荷，注意安全，盡量避免造成相互碰撞現象。

（1）雙人移動中攻下旋

教練員用削球連續向臺面左、右兩側供下旋球。練習者雙方在步法交替移動中，不間斷地進行拉攻或拉扣結合還擊（圖4）。

（2）雙人移動中兩面攻

教練員以攻球手法連續向左、右兩點供球，練習者在移動中以正手或反手還擊。可結合推、攻內容進行練

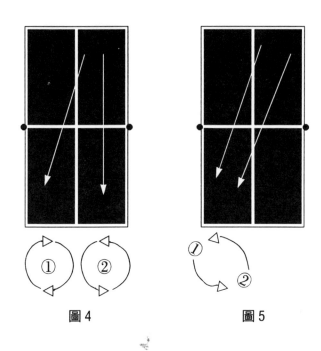

圖 4　　　　　　　　圖 5

習（圖5）。

（3）雙人移動中撲攻

教練員用攻球手法，連續向右角供兩個球後，兩向左角供兩個球，循環往復，練習者輪流向左向右撲攻。練習者撲攻後，應迅速返回左角連續攻球（圖6）。

（4）雙打走位

教練員用攻球手法供球，落點以能調動練習者移動為準。練習者輪流在移動中進行還擊。

乒乓球雙打

66

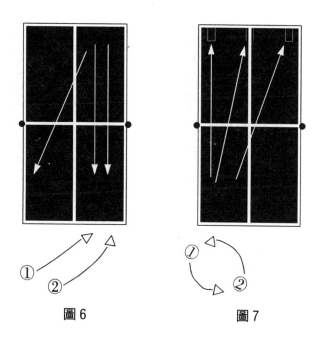

圖6　　　　　　　　圖7

（5）打目標

在練習者對面的球臺上放置或劃定兩三個目標，教練員連續供球，練習者輪流用攻球還擊，力求打中目標，提高準確性（圖7）。

（6）綜合練習

教練員用各種手法供出不同落點的球。練習者根據來球的不同性能，採用相應的技術輪流進行還擊。

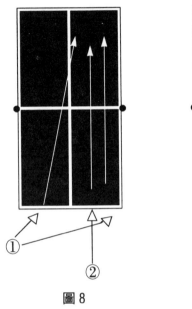
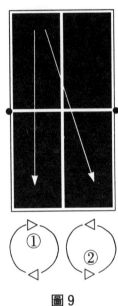

圖 8　　　　　　　　圖 9

（7）削中反攻

　　教練員以攻球手法供上旋球。練習者在不斷削球中輪流伺機進行反攻（圖8）。

（8）正反手削球

　　教練員以攻球手法，連續向左右兩大角供球，練習者在移動中用正手或反手流削球還擊。教練員逐漸加大力量、旋轉及角度，練習者可提高防、接弧圈球和突擊球的能力（圖9）。

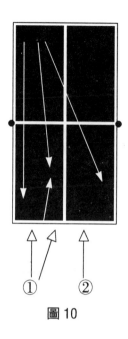

圖10

（9）搓中突擊轉連續攻

教練員以削球手法連續供下旋球，練習者一名選手先搓，另一名選手伺機起板攻擊，然後教練員改供上旋球，練習者輪流進行連續攻，一組6～8次後改換另一名選手搓球。

（10）接長、短球

教練員用較大力量攻球，使練習者輪流遠臺削球，後再伺機放近網短球。練習者在遠臺輪流防接大力扣殺球後，突然快速起動步法接近網短球（圖10）。

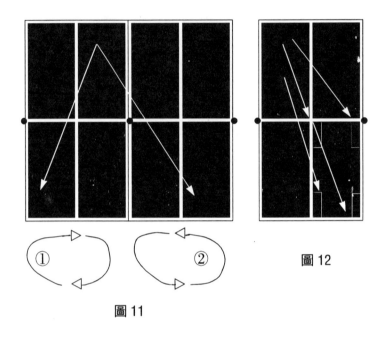

① ②

圖 11

圖 12

（11）擴大防守

靠近練習者的一方，放置兩張球臺，使球臺寬度擴大。教練員以攻球手法，連續向擴大球臺的左右兩角不定點地供球，練習者輪流以正反手削球還擊（圖11）。

（12）發球練習

大多採用單人多球發球，要求旋轉、落點、弧線和速度質量高、威脅大（圖12）。

（13）接發球練習

大多採用一人發球、一人接發球的方法。要求判斷旋轉、落點，採用擺短、挑、撇、點等技術。

注意事項：

在安排多球訓練的時間和組數時，應根據不同的練習目的有所區別。步法和技術性練習以 3～4 分鐘一組為宜，練習組數適中；專項耐力練習以 6～8 分鐘一組為宜，練習組數要少一些。

教練員可親自參加多球訓練，應掌握各種不同的供球技術，並具備充沛的精力與體力。

5.雙打技術訓練

雙打需要具備的基本技術與單打大致相同。但由於雙打要在不斷走動中擊球，因此，在一些技術的運用上要比單打難度大（接發球除外）。

此外，由於雙打比賽在規則上與單打有所區別，例如：雙打發球的一方必須從本方的右半臺將球發到對方右半臺，而接發球的一方可以站在右半臺等候來球，進行任意的回擊，因此，這就增加了發球的難度，要求發球的質量要高，才能抑制對方的攻擊，為同伴創造進攻機會及有效地進行防禦。

雙打中的防禦比單打難度大，因此，雙打選手每打一板球都應力球先發制人，爭取主動。

現將雙打中的一些主要技術分述如下：

（1）發球與發球搶攻

如前所述，雙打由於受規則的限制，在發球的區域上要比單打狹窄，這實際上就降低了發球的威脅性，從而也對雙打的發球技術提出了更高的要求。特別是對發球的落點、旋轉及線路等方面要更加講究，以加大對手回接的難度。

在進行發球訓練時，一定要以提高發球質量為主。練習時可採用多球訓練，以節省時間。先將兩人分開，分別站在球臺的右角，有計劃地進行各種發球練習。要求運動員發到規定落點，在落點到位的同時要結合旋轉與速度變化，力求出手速度快、動作相似、轉與不轉差別大。

在單人練習發球時，可根據球過網後在對方臺面上跳起的次數多少來檢驗質量。球落對方臺面彈跳得次數越多，說明球發的既短又轉；有些發球不但跳得次數多，而且能從對方臺面回跳，這說明球的下旋質量很高。右側上旋發球也可以用上述方法來觀察，球跳至對方臺面後往右拐彎越大說明側旋越強。有時也可以一方練發球，另一方練接發球。

發球後如對方失誤多、出機會球多，無法搶攻，那就說明發球質量高、效果好；反之對方接發球較易搶攻，則說明發球質量低、效果差。

發球與搶攻的結合訓練：訓練發球搶攻時，可以單、雙人陪練。主練方兩名選手一方先發球，開始要求陪練方回接的落點固定在 1/2 臺內，同伴進行搶攻。

陪練一方在回接難度上可先小一些，規定以搓或拉的方法回接，借以提高主練方兩名選手的搶攻意識、命中率與走位，然後再逐漸增大難度。陪練方回球可以不限落點，以提高主練方兩名選手步法走位的靈活性與協調配合能力。

最後讓陪練方採用各種不同的回接方法，使主練方兩名選手發球與搶攻同比賽實際逐漸結合起來，以提高實戰能力。

運用比賽方法進行發球搶攻的訓練：專門性發球搶攻比賽。教練員可用統計方法檢查訓練質量。一方將球發出後，另一方可以不限接法，但發球一方必須交替連續進攻，以進攻不超過三板為得分，否則即算失分。

通過統計可以看出搶攻的質量與命中率。若連續進攻超過三板，即說明發球及搶攻的技術質量和戰術運用存在一問題。通過這種比賽也可以從統計中看出對方接發球的水準與防禦能力的強弱。

（2）接發球與接發球搶攻

雙打規則規定，必須在球臺右方 1/2 的位置上接發球，因此，雙打的接發球相對單打要容易，而且照顧範圍也小，接發球一方應積極利用接發球的有利時機力爭

主動，這在對攻戰中尤為重要。

　　以快攻或弧圈球為主的配對，一般採用正手接發球的情況較多，故接發球一方的站位十分重要。如果是一左一右的配對，各佔一方，站位較方便。如果兩人都是右手握拍，則接發球時站位不要過於偏右，否則對中線稍偏右的來球不易迅速讓位，容易造成被動。應該站在中線略偏右處，以利於回接各種落點的來球。但有些人善於用反手去接發球，其站位常會略偏於右角。

　　雙打在接發球時首先應考慮如何接得主動，為同伴創造更多的扣殺機會。當運動員雙方水準接近時，接發球者以強攻直接得分是比較困難的，因此只有掌握好快點、快拉臺內球的技術，既能攻右大角，又能攻追身，也可配合攻右角，結合靈活多變的落點來調動對方，或針對對方的弱點進行回擊，才能為同伴創造更多的進攻機會。

　　此外，接發球時還要善於配合。例如：用快點或快拉接發球時，要預先與同伴打招呼，使同伴作好準備。因為進攻對方的右大角時，對方也常會回擊本方的右大角，這就會使同伴的走動範圍增大。若進攻直線球，則有利於同伴在左半臺發揮強有力的推擋或側身搶攻。

　　但究竟是多打斜線還是多打直線，這要根據同伴的技術特點及場上的實際情況來決定。同伴正手是特長，可多攻右大角；同伴反手拉或側身攻是特長，則可多攻直線。

如遇對方發又低又轉的球，在運用快點、快拉沒有把握的情況下，也可以改用快搓兩大角或中路來控制對方，使對方難於搶攻，然後再伺機進攻。

對付以削為主的對手，接發球可以稍穩一些，不要攻得過急或過凶，以免增加自己的失誤。

橫板以削為主的運動員，雖然較多地運用削和搓去接發球，但有時也要用搶拉的方法去回接，借以擾亂對方，爭取主動。若用削與搓來接發球，應回接到對手攻擊力較弱的一方為主，以便於同伴的下一板接球。若偷襲對手攻擊力較強的一方，則要告訴同伴事先作好準備，以免對方回球到自己的右大角時，造成同伴的被動。

在接發球訓練時，可採用多球方法進行練習，以節省時間與增加密度。方法是將配對分開，各佔球臺一方，一方以發球為主，一方以接發球為主。發球者可根據接發球者提出的具體要求去發球（包括落點、長短、旋轉等），然後接發球一方以快點或快拉為主，配合快搓與其他回接的方法進行練習。接發球者在回接時要注意速度快、弧線低，並對落點有一定的要求，逐步提高接發球的質量。

在接發球的訓練中，特別要求運動員判斷清楚、移位及時，並要在很短時間內將球回擊到對方臺面上。通過接發球的反覆練習，提高運動員前臂及手腕控制的能力。以攻為主的運動員在訓練接發球時，應以接近網下

旋（轉與不轉）或側下旋短球為主、長球為輔；以削球為主的運動員，應以多接一些側上旋、急下旋等長球為主，短球為輔。有時也可根據個人的某些弱點進行練習，以提高接發球的能力。

接發球搶攻的專門性練習也可採用多球來進行。發球一方可用單人來發球，接發球一方可以雙人配合來接。若結合實戰需要進行訓練，則效果更好。

用比賽方法進行接發球搶攻的訓練。教練員可用統計方法來檢查接發球搶攻的使用率和得分率。方法是接發球一方首先搶攻，然後同伴繼續擴大攻勢，以進攻不超過三板為得分，否則算失分。

通過統計可以看出接發球搶攻直接得分的多少。得分多說明接發球搶攻水準高；連續進攻三板尚未得分，則說明接發球搶攻的能力較差。

（3）連續扣殺機會球

雙打中經常會出現連續扣殺機會球的情況，這是由於一方先展開攻勢之後，另一方來不及反擊而被迫防守或遠離球臺，以放高球來作為過渡的一種防禦手段，往往處於被動地位。

但自己一方連續扣殺機會球的能力不強或在走動中連續扣殺的力量差，則會給對手可乘之機，使對方由被動轉為主動。這種情況出現會對進攻方運動員的心理造成較大的影響，常常會導致場上局面的逆轉。因此連續

扣殺機會球的技術必須引起高度重視，在訓練中應適當加以安排。

連續扣殺機會球的練習可由陪練一人連續放不同落點的半高球，主練方兩名選手不斷地在走動中連續扣殺。如能用多球訓練，則效果更好。

發球搶攻後扣殺機會球或半高球的練習可採用單人與雙人對練，從發球搶攻開始，陪練方被攻後連續回擊不同落點、不同旋轉性能的機會球或半高球，主練方兩名選手在走動中不斷連續扣殺。

接發球搶攻結合殺半高球的練習，也可採用單人與雙人對練。陪練方先發球，主練方兩名選手進行接發球搶攻，然後陪練方任意回擊各個不同落點、不同旋轉性能的半高球，使主練方在移動中連續扣殺。

（4）搓球與搓球突擊

發球搶攻是雙打中力爭主動的重要手段。由於比賽中雙方都要想方設法力圖採用先發制人的進攻戰術，並儘可能不給對方有搶攻的機會，所以發球一方常會發出又轉、又低、又短的球，使對手無法搶攻。而接發球一方為了不給對方任何搶攻的機會，也會採用以短制短的方法，使對手不容易進攻。於是在雙打中就會形成相互對搓的局面，使搓球和搓中突擊（或搓中轉拉）成為一項重要的結合性技術。

在雙打對搓中，不但要求搓得快、低、短，而且還

要求能搓斜、直線及搓轉與不轉球，以便為搓中突擊（或轉拉）創造更多的機會。雙打對搓要掌握好搓中突擊或搓中轉拉的技術，有時比單打還要困難，除了要不斷提高走動中擊球的能力外，還要求兩名選手在搓球方面配合好，才能為突擊或拉弧圈球創造有利條件。

雙打搓球練習，可參照雙打走位練習的方法，既可採用單人對雙人的練習，也可採用雙人對雙人的練習；既可進行定點走位搓球練習，也可進行不同落點搓一點的練習，還可採用任意對搓不同落點的練習，通過練習逐步掌握並提高搓球技術，將球搓得快、低、轉、短，並有落點變化或旋轉變化。

搓中突擊是指突擊下旋來球，因此，突擊時首先要判斷清楚來球距離、高度、長短和旋轉程度。突擊時要求迎前快點，不能等來球出臺後再突擊，因為此時球已下降，旋轉增強，會增加突擊的難度。

快點時要求速度快、落點變化靈活和出其不意，而且力量調節也十分重要，應在30%～70%的力量中進行調節（方法同攻球技術）。搓中突擊的練習，既可採用單人與雙人對練，也可採用雙人與雙人對練。搓球的落點可以不受限制，但搓中突擊可以一方為主，先定點進行突擊，另一方練搓球控制與防禦，最後雙方可任意搓不同落點和隨意找機會進行突擊或以拉一板弧圈球去找機會，然後展開對攻。

訓練中還可以結合比賽來練搓中突擊，以利於提高

訓練質量。教練員可做必要的統計，透過比賽後的總結，分析雙方搓球得失、搓中突擊和連續扣殺的成功率以及防禦的得分率，用以不斷提高搓中突擊和搓中防禦的能力。

6.雙打相互配合的訓練

雙打兩名運動員之間臨場配合的成功與否直接關係著比賽的成績，往往雙打比賽經常會爆出「冷門」，名不見經傳的運動員戰勝世界一流選手的情況屢見不鮮。這些現象的出現與運動員之間的配合有直接關係，與訓練時間長短、打法類型的搭配、心理因素及神經類型密不可分。因此，要求教練員從開始訓練就要進行科學的配對。

雙打配對首先應考慮的因素是兩人的情感配合，其次是類型打法與技術水準的搭配。實踐證明，在快速對抗中，一左一右握拍、一遠一近站位，有利於兩人的技術發揮和快速移位。再有對雙打的風格特點也需要給予充分的重視，盡量做到兩名選手技術全面、攻防兼備、凶穩適宜。這些都需要進行長時間的有針對性、有計劃、有步驟的系統訓練，最終達到默契。

下面介紹幾種相互配合的訓練方法。

（1）發球與搶攻

兩名選手根據各自的特點在發球上進行的配合訓

練。如一名選手擅長搶攻，同伴在發球上就應盡量以發下旋球為主，配合上旋球為同其搶攻創造機會。

另一名選手防禦較好，則同伴在發球時就應盡量發似出臺不出臺的側上、下旋球，配合急側上旋球，使同伴能充分發揮自己的特長。可先進行定點、定線路、定旋轉的訓練，再進行全臺不同落點的訓練。

（2）接發球與搶攻

在接發球與搶攻的訓練中，擅長搶攻的選手應多採用挑、點、撇、拉等技術，同時盡量把球回到對方難以反攻的落點上，使同伴有充分的時間迅速移動步法，進行下一板的進攻。

另一名防守好的選手在接發球時，應按制好球的落點和旋轉，如擺短、捅大角線、打空檔等方法，為同伴進攻和防守創造有利條件。

在訓練中主練方 A 可採用定點挑、點、撇、拉到固定區域等接搶技術。要求陪練方定點回球路線，使同伴 B 快速移動步法有準備地把球還擊過去。

當主練方 A 以擺短控制球時，要求弧線低、旋轉強，要擺到固定區域，陪練方定點回球路線，使同伴 B 快速移動，有充分的思想準備進行搶攻。這樣經過長期訓練使兩名選手的發、接、搶、攻等技術環節融為一體如同一人。在訓練中，可進行這些內容的統計，從中發現問題，從而進行有針對性的訓練。

（3）多球實戰演練

在單球的訓練中，由於雙打走位範圍大，進攻凶狠，防守難度很大，往往在比賽中很難打出四板球以上的各項技、戰術套路，因此，通過多球的訓練方法進行演練，可達到事半功倍的效果。

陪練方可從發球或接發球開始後，採用多球回擊到主練方的定點或不定點位置。這要根據主練方的特點進行，只要陪練方的球沒停止，主練方就要積極走位、默契配合回擊各種來球，從而接近或達到實戰比賽所要求的質量。

（4）防禦練習

一人對兩人的訓練。陪練方一人採用拉弧圈球的技術（速度快、慢，旋轉強、弱可根據主練方的意圖進行改變），主練方兩人穿插跑位，前後呼應，充分發揮各自的特長技術回接來球。

要求陪練方儘可能地在回球（落點、弧線）上要嚴密，不給主練方更多的得分機會，為同伴防守反攻創造條件。

7. 前四板球的訓練

從發球選手開始觸球至第四名觸球選手為止，依次還擊來球稱前四板球，也可解釋為「每人觸球一次（共

四次）叫前四板球」。

雙打比賽規則規定，雙方四名選手輪流交替依次擊球，選手的每一次擊球都需要在跑動中完成，大大增加了回球難度。因此，雙打選手都在儘最大努力使用各自的特長技術，力爭在「前四板球」（包括發球、接發球、同伴搶攻、對方同伴防守或反攻）結束戰鬥。這樣，雙打比賽中的前四板球就顯得尤其重要。

據統計，其使用率約為 60%～70%。不難看出，抓好前四板球的訓練就奠定了勝利的基礎。

前四板球中每一板球都要求選手高質量、高水準地完成，都要有目的、有針對性地進行還擊，稍有差錯，就會造成被動，最終導致失敗。

在訓練中，第一板發球和第三板搶攻、第二板接發球和回擊第四板球是雙打的重中之重，每一個環節都至關重要，這裡面包含著雙方的配合，發、接球的落點、旋轉、突然性、隱蔽性等等。需要進行不斷地訓練、總結、改進與提高，需要互相鼓勵、互相信任、互為補充，為同伴創造更多施展特長技術的空間。

8. 針對性訓練

根據比賽的需要和所掌握的對手技術情況進行有針對性的訓練，這是一種很有成效的訓練方法。特別是採用我國獨特的模擬訓練法，進行近乎於實戰的訓練，對保證我國運動員在重大比賽中正常發揮水準，為取得優

異成績有著不可磨滅的重要貢獻。

在訓練中可根據對手的特點，如發球旋轉、落點、回球路線和經常採用的技、戰術等進行有針對性的訓練。如為了破對方的發球、搶沖和連續拉沖戰術，採用擺短的技術回接各種旋轉的發球，然後由陪練方全臺連續拉、主練方進行防禦適應弧圈球。

9. 計分訓練

當選手具備一定技、戰術水準時，為提高訓練質量和實戰水準，達到鍛鍊運動員的心理和意志品質的目的，經常在每堂訓練課的一定時間和大賽前的一段時間進行計分訓練，由教練員進行全面的技、戰術統計，以便及時總結。統計方法如下：

（1）發球搶攻段（發球、搶攻、被攻）

得分率：60%～65%（該段的得分／該段的得分＋失分×100%）。使用率：25%左右（該段的得分＋失分／全場的得分＋失分×100%）。

（2）接發球搶攻段（接發球、接發球搶攻、被攻、接發球後搶攻）

得分率：55%（該段的得分／該段的得分＋失分×100%）。使用率：35%左右（該段的得分＋失分／全場的得分＋失分×100%）。

（3）相持段（包括正手、反手、側身、推擋、連續攻、殺機會球、放短球、拉或搓中突擊等主動進攻，以及正手、反手、中路被攻、搓或拉中被攻、不到位被攻等情況，還包括對攻、對推、對搓等情況）

得分率：45%～50%以上（該段的得分／該段的得分＋失分×100%）。使用率：40%左右（該段的得分＋失分／全場的得分＋失分×100%）。

根據統計的數據對照指標進行分析總結，鞏固成績，找出不足，明確目標，不斷提高訓練和實戰水準。

六、實戰檢驗

教練員在進行雙打配對的過程中，經過對運動員的技術水準、打法特點及神經類型等進行綜合分析、研究，科學合理地進行搭配，以期在比賽中不僅能充分發揮運動各自的特點優勢，同時還能互相為同伴創造更多的進攻機會。經過長期系統的訓練，使運動員各自的技、戰術得以鞏固，從而在比賽中充分展現出來，經得起大賽的考驗。

1. 配對人選的檢驗

雙打的配對，一般有以下幾種考慮：同等技術水準選手間的配對；不同神經類型選手間的配對；不同持拍選手間的配對；不同類型打法選手間的配對；相同類型打法選手間的配對。

以上幾種配對需要經由不同級別大賽的檢驗，及時總結在比賽中出現的問題，進行有針對性的訓練，使存在的問題及不足得以及時地解決和糾正。如果因為選手間的配合、類型打法造成的合作失誤，從而嚴重制約兩名選手各自技、戰術水準的正常發揮，則應及時調整配對，以期達到最佳組合。

2. 配對選手各項技術的檢驗

雙打與單打不同，各項技術是由兩人交替完成的，所以要求配合默契，每一項技術的運用，都要給同伴下一板的進攻或防守創造更佳的回球機會。

如A選手習慣主動進攻，而同伴B選手擅長拉弧圈球，在比賽中，B隊員就應該棄長從短，適當增加落點、速度的變化，以便同伴有更多進攻的機會。

又如，接發球時，A隊員快拉、挑打是特長技術，而B隊員擅長拉加轉弧圈球，因此，A隊員在接發球時，應以擺短、控制為主，有機會再快拉，為同伴充分發揮其特長技術奠定基礎。

這樣才能使兩名選手各自的技術優勢得到充分的展示，各項技術達到運用自如。反之，在比賽中兩名選手各自的特長技術不能得到有效的開發運用，常常處於被動，這時教練員就應該改變訓練內容及戰術套路，或考慮是否需要調整選手的配對。

3. 配對選手各項戰術的檢驗

配對選手結合各自的技術特點，形成有效的克敵制勝的戰術套路，並通過比賽進行檢驗。運用臨場統計方法，對戰術運用進行全面的分析，鞏固成功的戰術運用，找出失利的原因，在訓練中有目的地加強與提高，使戰術水準更加完善，形成自己的風格，並不斷根據臨

場比賽的實際總結、調整戰術，最終達到配合默契的程度。

4. 比賽成績的檢驗

雙打水準的高低，只有透過不斷的比賽來提高並得到檢驗。運動員隨著不同級別的比賽會出現起伏，只有經得起大賽考驗的選手，才能證明是優秀、傑出的選手。只有經過大賽的考驗，才能全面、客觀地分析研究兩名選手各自的優勢、特點、戰術組合，以及是否構成雙打的最佳配對人選，從而提煉出最適合兩名選手的技、戰術，形成最佳的整體。

5. 經歷大賽考驗

經過長期的系統訓練及各種級別比賽的磨練，不同年齡階段的選手，需要經歷不同年齡最高級別比賽的考驗，從中發現問題。教練員應根據兩名選手比賽的實際，進行全面的綜合分析，為選手長遠的目標勾畫出較完整的發展方向。

如根據技、戰術的提高程序，默契配合的技術細節，各自特長優勢的開發及協調運用，選手間的習慣、性格的不斷磨合等情況，制定出詳細的訓練計劃和實施手段、措施，使運動員學有目標、練有方向，不斷完善，向更高的目標攀登。

6. 重新調整配對

藉由比賽的鍛鍊和檢驗，有些雙打選手變得越是在重大比賽能充分發揮出各自應有的水準，表現出勇敢、頑強、不畏強手、團結向上的精神，技、戰術運用自如，往往能在不利的情況下克服困難，齊心協力、一鼓作氣取得最終勝利。而有些選手則表現出配合失常，各自特長技術得不到發揮，不能正確對待同伴的失誤，相互埋怨、離心離德。

出現以上情況時，教練員應耐心細致地做好選手的思想工作，在技、戰術上有針對性地加以改進。其次要全面分析兩名選手的情況，必要時重新調整配對。

7. 總結得失，調整訓練方法

比賽是一面鏡子，它能客觀公正地評價每一對選手的真實水準。運用「三段」統計法，能詳細分析各段各項技術運用的得與失，有針對性地重新制定訓練計劃，加強戰術套路、意識及配合訓練，加大前四板球的訓練強度，在「轉、變、快」上下大功夫。

七、雙打步法移動

　　有一種說法：「步法」是乒乓球運動之母，可見「步法」在乒乓球運動中的重要性。我國在培養、選拔運動員時很重要的一個條件，就是看其是否具備敏捷的步法，它是衡量一名運動員的技術水準及是否具有潛力的重要標準之一。

　　乒乓球運動員的步法是建立在專項身體素質基礎之上的，是專項力量、速度、耐力素質的集中體現，是經過長期系統訓練形成的。與單打相比，雙打對運動員步法的要求更高，由於雙打是兩名運動員依次擊球，步法移動範圍比單打大，它不僅需要不停地在跑動中擊球，還要求不影響同伴的移動與回擊來球。

　　雙打走位的基本要求是：盡量縮短移動距離，以利於及時搶佔擊球位置，並符合本人的打法特點，充分發揮技術水平，不影響同伴的判斷和移位，不妨礙同伴的擊球動作。

　　雙打步法的基本要求是：擊球後應迅速移位，避免對方打追身球；移位時不能妨礙同伴擊球，移位應盡量接近下次擊球的最有利的位置。

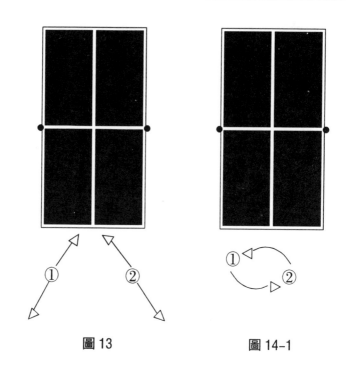

圖 13 圖 14-1

1.「八」字移動

左手與右手執拍的進攻型選手配對,多採用此走位法。兩人擊球後均向自己反手一側移動,既確保了同伴的擊球空位,又有利於發揮自己正手攻球的威力(圖13)。

2. 環形移動

兩名右手握拍的選手配對,多採用此走位法。常在發球、接發球、扣殺機會球、中臺連續拉時運用(圖

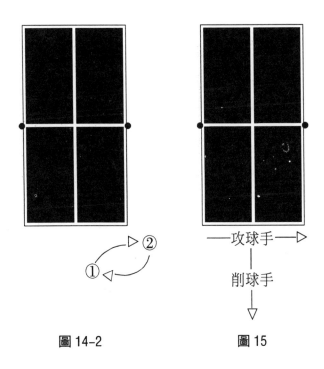

圖 14-2　　　　　　　　　　圖 15

14-1、2）。

3. T 形移動

　　一名站位近臺與一名站位中遠臺選手配對，多用此走位法。如：一個快攻選手與一個弧圈球選手配對；一名單面弧圈球選手與一名中遠臺兩面拉弧圈球選手配對；一名近臺削球手與一名無臺削球手配對；一名進攻型選手與一名長削結合選手的配對，常採用此種走位方法。（圖 15）。

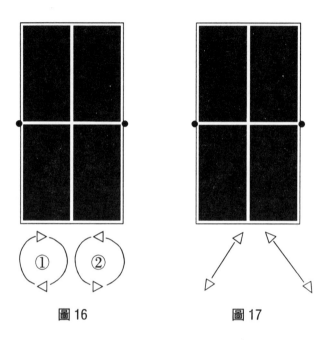

圖 16　　　　　　　　　圖 17

4. ∞形移動

對方有意識地針對本方一名選手交叉打兩角時，可採用∞形移動（圖16）。

5.∧形移動

站位時要保持略有偏前和偏後的區分。這種站位能夠充分發揮全臺都能進攻的特點，照顧範圍大，中近臺、正反手搶拉、反拉都易結合，同時也能充分發揮中臺拉弧圈球的威力。兩人移動的基本路線呈∧形（圖17）。

6. ▽形移動

一個近臺快攻和一名中遠臺弧圈球選手配對，近臺快攻選手可充分發揮快速優勢發動進攻，弧圈球選手可利用強烈的上旋球及快慢節奏的變化，打亂對方的戰術及步法的移動，為同伴創造更多的扣殺機會，其移動基本路線呈▽形（圖18）。

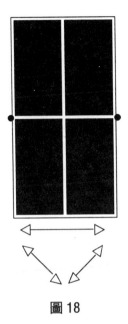

圖18

7.交叉步移動

這種步法多見於進攻型選手的配對。在比賽中，在對方逼兩大角的情況下，或在相持中的交叉變線時運用此步法。對運動員綜合素質要求較高（判斷、反應、力量、速度），是雙打比賽較常運用的一種步法。需要兩名運動員長期的配合形成默契，才能在比賽中充分地加以運用（圖19）。

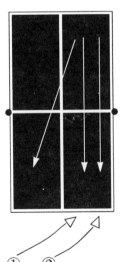

圖19

8.「應急」移動

雙打比賽中，由於技、戰術的需要，對方常常採用連續逼一角、突然變線另一角，連續壓中路後突然變線，死逼一條線等戰術。

由於雙打在速度、旋轉等都強於單打，在判斷走位時容易出現配合障礙，因此，經常會發現一些意想不到的「應急」動作，需要兩名選手具有較好的反應、靈敏及柔韌性，才能化險為夷，充分發揮應有的水準或發揮出超水準。這些「應急」動作只有經過長時期的訓練和比賽才能得到鍛鍊與提高。

以上是雙打移位的基本方法，在實踐中常是幾種方法的結合運用，由於比賽中情況千變萬化，固定不變的移位方法是沒有的，運動員應靈活運用。

八、專項身體素質

　　乒乓球運動的特點是球速快、變化多、場地小。乒乓球運動員應發展哪些專項身體素質呢？

　　根據研究與實踐，大致可歸納為以下幾種：發展力量和耐力；發展力量耐力和靈敏耐力；發展速度力量和靈敏耐力等。需要強調的是，只有明確了什麼是乒乓球運動員所需要的專項素質時，選擇的訓練方法及手段才能做到有的放矢。

1. 速度和靈繁素質

　　乒乓球比賽中，要求判斷快、反應快、起動快、擺臂快、移動快、動作和方向變化快，只有如此，才能在快速而又複雜多變的比賽中，把握住每個有利時機，奪取主動及贏得勝利，這就要求運動員具有良好的專項速度和靈敏素質。

　　乒乓球運動員所需要的專項速度，是非周期性的單個動作速度，即擊球時的擺臂速度、為了取得適宜角度迎擊來球和及時移動位置，不要求周期性頻率。就擊球和移動身體的單個動作、手法和步法的協調配合來看，它雖有一定的規律，但比賽中運用這些動作的先後秩序

因回球的落點變化不定，則又是無固定規律的，這是它的特點之一。

運動員在比賽中，揮臂的速度、幅度、步法的移動範圍以及持拍擊球的力量是有限的。在單個快速動作之後，肌肉即可得到放鬆和短暫的間歇，使得收縮的肌群能交替工作，因而能夠持續較長的時間而不易疲勞，這是它的特點之二。

乒乓球運動員所需要的靈敏，是臨場比賽時隨機應變的能力，即快速反應能力。來球在空中運行的時間一般是 0.3～0.5 秒，在這一瞬間應判斷來球的速度、落點及旋轉的性能，並根據對手的站位迅速決定對策，這就需要具有良好的隨機應變的能力。經過良好訓練的運動員，對於這一切的快速反應過程，都應達到自動化的程度，並能窺測出對手反擊的意圖。

乒乓球運動員靈敏程度的高或低，反映在從一種動作轉變到另一種動作的速度是快或慢，對來球性能的判斷是準或不準。

靈敏程度高的在運動過程中神經反應潛伏期縮短，興奮與抑制轉換快，中樞神經系統對於運動器官的調節能力強。優秀乒乓球運動員能以變幻莫測的戰術，以又快又巧的手法，乘虛一擊而取勝對方，就是靈敏素質的具體表現。

從以上特點中可以清楚地看出，專項速度和靈敏是乒乓球運動本身所要求的，並在實踐中首先得到發展。

技術水準不同的運動員，其速度和靈敏素質的程度也有差別。技術好的，這種素質也好；而素質越好，又越能促進技術的發展。

發展速度、靈敏的方法：

（1）速度、靈敏練習

快速變換方向跑和滑跳；各種姿勢的突然性起跑；一對一緊逼與擺脫跳繩1分鐘記數（雙搖跳、單腿跳）；跑臺階。

其他練習：如原地高抬腿跑；加速跑；折回跑；變速跑（30公尺快跑、30公尺慢跑）；小步跑轉加速跑；迎面接力跑；發展柔韌、協調的原地徒手體操；雙人體操等。

（2）發展專項速度、靈敏的練習

推擋——跳步側身攻，30秒一組，間隔1分鐘，每項可做30組；推擋——側身攻——撲正手（同上）；拳擊腳步練習（可列入準備活動）；徒手攻球擺身練習30秒×4；坐地轉；側跳步（寬2.5公尺）30秒一組記數，每項可做5組；交叉步（寬2.5公尺）30秒一組記數，每項可做5組；側跨步20公尺一組（25秒做完）可做1～3組；1分鐘看手勢做變換接球位置或姿勢的練習，可做3～5組。

2. 力量

我們清楚，乒乓球的每一板擊球動作，是質量（如手臂、球拍）和速度作用的結果，必須要表現出一定的力量，乒乓球運動員所需要的力量，是一種速度力量，即爆發力。爆發力屬於動力性力量。比賽中運動員的手臂和球拍的質量是一定的，要表現出較大的爆發力，就必須提高擺臂的加速度。

爆發力雖然包括力量和速度兩個因素，但不同的運動項目有不同的要求和組合。需要克服阻力大的項目應加強的是力量，而需要克服阻力小的項目應加強的是爆發力。很顯然，乒乓球運動中的起動、擊球和步法的移動等動作，需要克服的阻力不大，因而加強發爆力的意義就很明顯。

中國乒乓球運動的指導思想是快、準、狠、變、轉。強調了一個「快」字，要求積極移動步法以快取勝，形成了我國特有的直板快攻打法。科學的力量訓練，對提高神經系統的興奮和抑制過程的強度很有幫助，對於發展速度也是有利的。所以，在訓練中，採用正確的方法來發展肌群的爆發力是非常重要的。

發展力量的方法：

（1）發展上肢力量的練習

引體向上、俯臥撐（俯地挺身）、雙槓臂屈伸。啞

鈴操：腕屈伸、手腕繞環、前臂彎舉、前臂旋前旋後、雙臂上舉、雙臂側舉、擴胸——弓身——擴胸。

做上述練習時，應注意一定的速度，並與發展爆發力結合起來。

（2）發展上肢專項力量的練習

啞鈴變速——攻球動作，啞鈴變速——拉弧圈球動作，啞鈴變速——削球動作，鐵拍單個擊球動作——正手攻、反手攻、拉、扣、削。

成套動作練習：拉臺內球——快攻——遠攻——拉球——掃球；正手快點臺內球——反手推擋——側身攻——撲右方正手攻——反手攻、反手搓——正手拉——殺高球。

（3）下肢力量的練習

單足跳、雙足跳、蹲跳、跑臺階、負重蹲起、負重半蹲跳。

（4）發展下肢專項力量的練習

負重半蹲側滑步、負重側跳步、負重交叉步移動。

（5）腰腹力量的練習

仰臥起坐、仰臥舉腿、仰臥兩頭起、肋木舉腿。

（6）發展腰腹專項力量的練習

攻球的轉體動作（快速、定時、記次數）、拉球的轉體動作、扣殺球和削低球的腰腹動作。

3.耐力

從運動的觀點來看，耐久力總是具有專門性的。在訓練水準很高的情況下，一般耐久力並不能保證在各種運動項目中都具有高度的活動能力，因為高度活動能力的形成，決定於精細的專門化的運動性和植物性條件反射。例如，耐久力很好的長跑運動員，在足球比賽中就比足球運動員較早地出現疲勞。

同樣的道理也應用於乒乓球項目，所以要使用乒乓球運動員專項耐久力的概念。

乒乓球運動是個人對抗項目。在大型比賽中，越到後期越緊張激烈，因而對專項耐力的要求也越高，即要求這種耐久力能滿足最後一場比賽的需要。

在以往的大型比賽中，常能看到有些運動員由於專項耐久力差，在比賽後期降低了攻球速度或步法移動緩慢，攻擊力明顯下降，因而影響了比賽水準的發揮甚至失利。所以，發展專項耐久力也是乒乓球運動本身的特點所決定的。

乒乓球運動員所需要的耐久力，是一種強度經常處於變化中並與速度和靈敏緊密結合著的專門性耐久力。

其強度變化的幅度常取決於對手技、戰術的質量和意志強弱，這是兵兵球專項耐久力的特點之一。

其次，這種專項耐久力還要始終與速度和靈敏相結合相適應。否則，開始幾場或幾天的速度、靈敏好，而後幾場或後幾天的速度、靈敏就弱，大大降低了水準的發揮。由於比賽的時間長，運動員大腦皮層較長時期處於緊張狀態，對於神經系統提出了更高要求，這也是兵兵球耐力的特點。

發展耐力的方法：

（1）1500 公尺跑、3000 公尺跑、5000 公尺跑。根據不同情況選用。每周若干次，記時，變速跑（12分鐘越野跑，記距離跑）。

（2）50 公尺加速跑+50 公尺慢速跑×10、30 公尺加速跑+50 公尺慢速跑×15 分鐘帶球（足球）跑或運球跑、3 分鐘交叉跑。

（3）3 分鐘跳步（寬 2.5 公尺）計數、3 分鐘跳繩。

跑的訓練是為了轉變訓練環境和內容，著重於改善心血管系統機能，增強體質和調節生理、心理負擔。

（4）3 分鐘徒手快速加力攻球（包括擺身轉體），3 分鐘快速對擲壘球，做 3 組。1 分鐘快速立臥撐。

（5）籃足球比賽。

九、遊　戲

　　遊戲是一項易於開展且富有趣味性的活動，它能開發智力、陶冶情操，也能鍛鍊身體、提高綜合素質能力。隨著競技體育的發展，遊戲作為專業訓練的一種輔助手段而被廣泛採用，成為許多運動項目訓練課前的準備活動、訓練課中調節興奮性及訓練課後身體恢復的一種有效方法。

　　乒乓球雙打項目對運動員的力量、速度、反應、靈敏及柔韌性等都有較高的要求，而雙方的思想、情感交流更是單打項目所不具備的。精誠團結、心心相印、默契合作是雙打制勝的法寶。根據乒乓球項目的上述特點及雙打項目的需要，下面介紹幾種旨在提高運動員各種素質的遊戲方法。

1. 專項素質遊戲

（1）截流星

　　【目的】：提高靈敏性及配合能力。

　　【器材場地準備】：每人一個球拍，一個球，兩塊5公尺長的正方形場地。

【方法】：將 8 人分成相等的兩組，每人手持球拍，每組出 1 人在中間用球拍搶球，其他 3 人在場地內成三角形站立。教師發令後，3 人互相傳球，搶球人若用球拍打著球，則與失誤者互換位置。

【規則】：

①只能用球拍傳球、搶球。

②傳球者可以連續顛 3 次球，或根據水準而定。

③搶球的人只要用球拍打著球就算搶到。

（2）繞人 8 字跑

【目的】：提高奔跑速度、靈活性和步法移動能力。

【方法】：

①將遊戲者每 4 人分成一組，每組先由兩個人相距 6～10 公尺站立做折返「標誌」。

②另兩個人繞「標誌」做 8 字跑，互相追逐，誰追到對手即為勝。練習每 20～30 秒鐘就互相交換任務。要求的形式可以多種多樣，例如：側身跑、後退跑、右手搭住左肩（或左手搭住右肩）跑、一手握住腳腕跑、單手或雙手背在身後跑、聽鳴笛做轉身 360°、跑起頂球動作或改為相反方向的追逐跑等等。

【注意事項】：隊員在起跑時要拉開適當距離。在交叉時，要注意安全，避免身體接觸。

（3）跳繩傳球

【目的】：培養運動員之間的配合、判斷、反應能力和動作的協調性。

【器材場地準備】：兩條長繩，一個籃球。

【方法】：兩人一組，分成若干組。先出兩組負責搖繩（陸續替換），兩條繩相距5～6公尺。其他各組輪流跳繩。每組兩人分別跳兩條繩子，兩人持一個籃球，在跳繩過程中互相傳球。傳球失誤或者沒跳過繩子就算失敗，成功率高的組為勝。

【規則】：

①搖繩的速度要均衡，不要忽快忽慢。

②每兩跳當中必須傳一次球。

【注意事項】：應根據遊戲人員的不同訓練水準，改變兩條繩子的距離、搖繩的速度和傳球方式。

（4）打野鴨子

【目的】：發展力量、準確、閃躲、靈敏的能力及協同配合的意識。

【器材場地準備】：排球場地一塊，排球2～3個。

【方法】：將遊戲者分為人數平均的甲乙兩隊，以猜拳方法決定誰先作「野鴨」或「獵人」。以半塊排球場作為「湖泊」範圍，「野鴨」在「湖」中，獵人手中

保持有 2～3 個排球作為子彈。教師鳴笛開始，獵人用球打湖中的野鴨，凡被擊中的野鴨退出球場。在規定的時間，兩隊交換。擊中野鴨多者為勝。此遊戲中的「湖泊」也可改為圓形，場地上圓圈為「湖」界，根據參加者人數多少確定湖泊的範圍。可規定單位時間內打中野鴨數字的多少。

【規則】：

①野鴨活動範圍只能在規定的「湖泊區」內，獵人不得進入「湖泊」之內射擊。

②對飛出場外的球，獵人必須迅速撿回，時間計在比賽有效時間內。

（5）攻守兼備

【目的】：提高攻守能力和步法移動的靈活性。

【器材場地準備】：7 公尺以上見方的場地，羽毛球拍和羽毛球若干。

【方法】：

①將遊戲者分成人數相等的兩組，一組攻，一組守。攻方圍成圓圈（圓直徑不少於 7 公尺），每人手持球拍，用一個球，利用低手擊球法抽打羽毛球以擊中守方人員，被擊中者退出圓圈。

②守方站在圈內，利用移動、躲閃的方法避免被攻方抽打的羽毛球擊中。

③看用多少時間能使全部隊員退出圈外，然後進行

攻守轉換。

④規定時間內擊中多者一方為勝。

【規則】：

①只許用低手抽擊。

②攻方在圍成圓圈後，在場地上標明界線，如進入圈內擊球，則命中守方隊員無效。

【注意事項】：圓圈大小要合適，否則達不到遊戲的目的。守方要注意防止羽毛球擊中眼睛。

（6）不同步法接力

【目的】：提高步法移動速度。

【場地器材準備】：球臺4副。

【方法】：將遊戲者分成人數相等的兩組，在規定的球臺一側站好。教師下令後，每組第一人依次分別做下列步法：一臺做左右小跳步 10 次，二臺做左右跨步 10 次，三臺做長短步法 10 次，四臺做推、側、撲步法 5 次（推、側、撲算一次）。做完步法後，跑回來擊一下第二人手，第二人接著做，比賽哪一組先做完（圖 20）。

【規則】：

①不按規定步法做者為犯規。

②不擊掌者為犯規。

③沒有按規定步法的次數做者要補做。

④先做完的，並且不犯規或犯規少的組為勝。

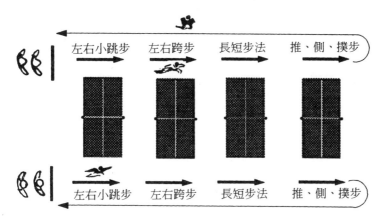

圖 20

【注意事項】：球臺數量和步法次數可以根據具體情況而定。

（7）雙臺攻半高球

【目的】：提高跑動中攻球的能力。

【器材場地準備】：球臺 4 副，乒乓球 50 個分成兩筐，球架 4 副，每人一個球拍。4 副球臺之間的距離 1～2 公尺，在兩副球臺端線連線的中點垂直距離 1 公尺處各畫一條橫線。

【方法】：將遊戲者分成人數相等的兩組，分別縱向站在各自橫線上。教師發令後，每組第一人分別從兩臺之間的中點向右跑到右邊臺攻一次球，再跑到左邊臺攻一次球，每人打 10 次（打到臺上算一分），勝一次得一分，比賽三次。勝的次數多的組為勝（圖 21）。

圖 21

【規則】：

①兩組的兩副球臺之間的距離要相等，每人都從兩臺之間的中點開始向右移動。

②第二人在中點與第一人擊掌後再接著做。

【注意事項】：從什麼地方開始移動、比賽幾次、每次打中多少個球、兩臺之間多大距離等都可根據具體情況定。也可以用其他技術動作，如拉、削等。

（8）攻球門

【目的】：提高傳球配合能力和擊球準備性。

【器材場地準備】：20 公尺長、10 公尺寬的場地一塊，擋板兩塊分別放在兩端線的中點上，一個乒乓球，每人一個球拍，場地的中央劃一中線。分別在兩塊擋板距場地內 3 公尺處畫一條橫線為球門區。

【方法】：遊戲者分成人數相同的兩隊。選定場地後，每隊出一人為守門員，其他隊員分布場上。中線跳球後開始比賽，搶到球者用球拍將球傳給同伴，向對方球門進攻，球傳到球門 3 公尺線附近，迅速用拍子擊球

射門，或者用手抓住後傳給本方隊員。哪隊射門的次數多為勝。

【規則】：

①只許用拍子傳球、拍球、顛球，不許用手拿球跑，如犯規，則判由對方發邊線球。

②球出界由對方在邊線發球。

③射中球門得一分。

④只許在 3 公尺線外射門。

（9）貼膏藥

【目的】：發展反應、射閃、靈敏及奔跑能力。

【器材場地準備】：球場一塊。

【方法】：

①參加者站成雙層圓圈，左右間隔兩臂，前後隊員身體靠近。先由兩名隊員開始，一人站圈內為追人者，另一個站圈外為被追者。

②被追者可利用圓圈上的雙層人牆做障礙，與追人者周旋，也可以沿圈外奔跑。

③當被追的人即將被摸到或者不再想逃時，從外圈站入內圈，並以自己背部緊貼任何一組隊員的身前，臨時造成三人重疊的一組，此時這三人重疊的最外層的人應立即代替貼在前面的人成為被追者。

④凡在被追者已組成三層小組之前未被摸著者，原來的被追者為安全，追人者必須開始追最外層的另一人

（即第三人），使圓圈上的雙層隊伍始終保持雙人。

【規則】：

①被追者必須從圈外奔跑，不得穿過圓圈。

②貼人時必須以背部貼靠別人身前。外層第三人逃開後，共同後退半步，保持圓形隊伍。

③凡以手摸到被追者即為追上，此時追與被追者互換，遊戲重新開始。

④被追者不得跑離圓圈隊伍 3 公尺外向遠處跑。

【注意事項】：教師應提醒遊戲者要儘多地替換，避免兩個人追跑沒完。

2.趣味性遊戲

（1）踩腳

【目的】：培養速度和敏捷性。

【方法】：參加遊戲的兩人相對而立，穿輕便的鞋子或赤腳。聽哨聲後，兩個人盡力去踩對方的腳，踩到了便可得分。遊戲時不能使用雙手或身體，不論攻擊或防禦，腳的動作都必須敏捷迅速，同時還需要有靈敏的反應。在這種情況下，裁判的判決就比較困難，所以，有時只能依據交戰雙方誠實報告，所得分數也根據踩到對方腳的次數來決定。

【注意事項】：只踩對方的單腳，只用右腳（或左腳）跟攻擊對方。此遊戲由兩人來進行，雖然規模很

小，卻緊張有趣。遊戲的時間可1～2分鐘，或以得分多少來決定勝負。

（2）馬上傳球

【目的】：加強配合、發展靈敏。

【方法】：將所有成員分成兩人一組，成組的兩個人必須力量相等。一切準備就緒後，所有人站到直徑3公尺的圓圈內。每組中的A將B扛在肩上（A扮馬），由B和另一組馬上的人互相傳球。如果B傳球不好，或未能準確地接住傳過來的球，就必須與A互換角色和任務。扮馬者扛著伙伴到處走動時，應該以配合騎手易於接球或傳球為原則。

遊戲的參與者必須具備默契的配合和靈巧性。開始做這一遊戲時，應該有某些方面的輔助，以避免有人從馬上摔下來，或扮馬者不慎跌倒。

（3）賽馬

【目的】：培養相互配合的能力。

【方法】：遊戲者分成人數均等的甲、乙兩隊，每隊4人一組搭成騎馬架（前面一人為馬頭，後面兩人用左手或右手分別搭在前面人雙肩上，第四人分腿騎坐在後面兩人的手臂上當騎馬人）在起點線後排列。發令後各隊第一匹馬起跑，跑到折返線後原路跑回原出發線，騎馬人與下一名騎馬人拍手，第二匹馬起跑。各隊依次

乒乓球雙打

111

跑完，以跑得快的隊為勝。

【規則】：

①「馬」在途中散架應在原地重新搭好再繼續進行。

②4人都過了折返線才能折返。

③回到起點線，必須4人都過了線，兩個騎「馬」人擊掌後，下一匹「馬」方可出發。

（4）山羊

【目的】：練習靈敏性、平衡能力和體力。

【方法】：由一個人面向牆壁站立，將頭低向胸部，第二人將雙手放在前者的腰部彎腰做山羊的姿勢。

第三個人從後面跑過來，跳到山羊的背部，再用右手撫摸第一個人的頭部。這時，山羊就要擺動身體，使第三個人摸不到頭部，直到第三個人因身體失去平衡而腳觸地時，就失去騎羊的資格，代替第二人變成山羊身體的一部分。倘若騎在山羊背上的人摸到了山羊的頭，就要和第一個人交換遊戲位置，由他面向牆壁，低著頭站著，而第一個人就再做同樣的動作。

遊戲開始時，由比較弱小的隊員先跳，體力好的人排在後面。

附錄：乒乓球雙打冠軍錄

世界乒乓球錦標賽（雙打）冠軍錄

屆別	時間	地點	男（雙）	女（雙）	混（雙）
1	1926.12	倫敦	R.雅科比／R.佩西（匈）		Z.梅奇洛維茨／M.梅德尼揚斯基（匈）
2	1928.1	斯德哥爾摩	A.利布斯特爾／R.圖姆（奧）	F.賽拉姆（奧）／M.梅德尼揚斯基（匈）	Z.梅奇洛維茨／M.梅德尼揚斯基（匈）
3	1929.1	布達佩斯	G.V.巴納／M.薩巴多什（匈）	E.梅茨格爾／E.呂斯特（德）	I.凱倫／A.希波什（匈）
4	1930.1	柏林	G.V.巴納／M.薩巴多什（匈）	M.梅德尼揚斯基／A.希波什（匈）	M.薩巴多什／M.梅德尼揚斯基（匈）
5	1931.2	布達佩斯	G.V.巴納／M.薩巴多什（匈）	M.梅德尼揚斯基／A.希波什（匈）	M.薩巴多什／M.梅德尼揚斯基（匈）
6	1932.1	布拉格	G.V.巴納／M.薩巴多什（匈）	M.梅德尼揚斯基／A.希波什（匈）	G.V.巴納／A.希波什（匈）
7	1933.1～2	巴登	G.V.巴納／S.格蘭茨（匈）	M.梅德尼揚斯基／A.希波什（匈）	I.凱倫／M.梅德尼揚斯基（匈）
8	1933.12	巴黎	G.V.巴納／M.薩巴多什（匈）	M.梅德尼揚斯基／A.希波什（匈）	M.薩巴多什／M.梅德尼揚斯基（匈）
9	1935.2	倫敦	G.V.巴納／M.薩巴多什（匈）	M.梅德尼揚斯基／A.希波什（匈）	G.V.巴納／A.希波什（匈）
10	1936.3	布拉格	R.G.布拉特納／J.H.麥克盧爾（美）	M.凱特內爾娃／A.斯米多娃（捷）	M.哈姆爾／G.克列諾娃（捷）
11	1937.2	巴登	R.G.布拉特納／J.H.麥克盧爾（美）	V.德佩特里索娃／V.沃特魯布佐娃（捷）	B.瓦納／V.沃特魯布佐娃（捷）
12	1938.1	倫敦	J.H.麥克盧爾／S.希夫（美）	V.德佩特里索娃／V.沃特魯布佐娃（捷）	I.貝拉克／V.沃特魯布佐娃（捷）
13	1939.3	開羅	G.V.巴納（匈）／R.伯格曼（英）	H.巴斯曼／G.普里奇（德）	B.瓦納／V.沃特魯布佐娃（捷）
14	1947.1～2	巴黎	A.斯拉爾／B.瓦納（捷）	G.法卡斯（匈）／G.普里奇（奧地利）	F.索斯／G.法卡斯（匈）
15	1948.2	溫布利	L.斯蒂佩克／B.瓦納（捷）	M.弗蘭克斯／V.S.托馬斯（英）	R.邁爾斯／T.索耳（美）

16	1949.2	斯德哥爾摩	I.安德里亞迪斯/F.托卡爾(捷)	H.埃利奧利(蘇格蘭)/G.法卡斯(匈)	F.西多/G.法卡斯(匈)
17	1950.1~2	布達佩斯	F.西多/F.索斯(匈)	D.伯雷吉(英)/H.埃利奧利(蘇格蘭)	F.西多/G.法卡斯(匈)
18	1951.3	維也納	I.安德里亞迪斯/B.瓦納(捷)	R.戴安尼/R.羅薩林(英)	B.瓦納(捷)/A.羅塞亞努(羅)
19	1952.2	孟買	藤井則和/林忠明(日)	西村登美江/原靜(日)	F.西多(匈)/A.羅塞亞努(羅)
20	1953.3	布加勒斯特	J.高基安/F.西多(匈)	G.法卡斯(匈)/A.羅塞亞努(羅)	F.西多(匈)/A.羅塞亞努(羅)
21	1954.4	溫布利	Z.杜利納/V.哈蘭戈佐(南)	R.戴安尼/R.羅薩林(英)	I.安德里亞迪斯(捷)/G.法卡斯(匈)
22	1955.4	烏德勒支	I.安德里亞迪斯/L.斯蒂佩克(捷)	A.羅塞亞努/E.澤勒爾(羅)	K.塞瓜希/E.高基安(匈)
23	1956.4	東京	荻村伊智郎/富田芳雄(日)	A.羅塞亞努/E.澤勒爾(羅)	E.克萊因(美)/L.T.紐伯格(美)
24	1957.3	斯德哥爾摩	I.安德里亞迪斯/L.斯蒂佩克(捷)	L.黃裕奇/A.希素(匈)	荻村伊智郎/江口富士枝(日)
25	1959.3~4	多特蒙德	村上輝夫/荻村伊智郎(日)	難波多慧子/伊藤和子(日)	荻村伊智郎/江口富士枝(日)
26	1961.4	北京	星野展彌/木村興治(中)	M.亞歷山德盧/G.皮蒂卡(羅)	木村興治/伊藤和子(日)
27	1963.4	布拉格	張變林/王志良(中)	松崎君代/關正子(日)	木村興治/松崎君代(日)
28	1965.4	盧布爾雅那	莊則棟/徐寅生(中)	鄭敏之/林慧卿(中)	木村興治/關口正子(日)
29	1967.4	斯德哥爾摩	H.阿爾塞/D.約翰森(瑞)	廣田佐枝子/森澤幸子(日)	長谷川信彥/山中教子(日)
30	1969.4	慕尼黑	H.阿爾塞/K.約翰森(瑞)	C.R.格林別爾格/B.盧德諾娃	長谷川信彥/今野安之(日)
31	1971.3~4	名古屋	I.約尼爾/T.克蘭帕爾(匈)	鄭敏之/林慧卿(中)	張變林/林慧卿(中)
32	1973.4	薩拉熱窩	S.本格森/K.約翰森(瑞)	M.亞歷山德盧(羅)/濱田美穗(日)	梁戈亮/李莉(中)
33	1975.2	加爾各答	G.蓋爾蓋伊/I.約尼爾(匈)	M.亞歷山德盧(羅)/高橋省子(日)	G.H.艾美茲科夫/T.費爾德曼(蘇)
34	1977.3~4	伯明翰	李振恃/梁戈亮(中)	楊瑩(中)/朴英玉(北韓)	J.塞克雷坦/C.貝爾熱雷(法)
35	1979.4~5	平壤	D.舒爾貝克/A.斯蒂潘契奇(南)	張立/張德英(中)	梁戈亮/葛新愛(中)

屆次	時間	地點			
36	1981.4	諾維薩德	李振恃／蔡振華（中）	張德英／童燕華（中）	謝賽克／黃俊群（中）
37	1983.4	東京	舒爾貝爾／卡列尼茨（南）	沈劍平／戴麗麗（中）	郭躍華／倪夏蓮（中）
38	1985.3	哥德堡	阿佩伊倫／卡爾松（瑞）	戴麗麗／耿麗娟（中）	蔡振華／曹燕華（中）
39	1987.2	新德里	陳龍燦／韋晴光（中）	梁英子／玄靜和（韓）	惠鈞／耿麗娟（中）
40	1989.3	多特蒙德	羅斯科普夫／費納（德）	喬紅／鄧亞萍（中）	劉南奎／玄靜和（韓）
41	1991.4	千葉	卡爾松／謝勤（瑞）	陳子荷／高軍（中）	王濤／劉偉（中）
42	1993.5	哥德堡	王濤／呂林（中）	劉偉／喬雲萍（中）	王濤／劉偉（中）
43	1995.5	天津	王濤／呂林（中）	鄧亞萍／喬紅（中）	王濤／劉偉（中）
44	1997.4～5	曼徹斯特	孔令輝／劉國梁（中）	鄧亞萍／楊影（中）	劉國梁／鄧亞萍（中）
45	1999.8	埃因霍溫	孔令輝／劉國梁（中）	王楠／李菊（中）	馬琳／張瑩瑩（中）
46	2001.4～5	大阪	王勵勤／閻森（中）	王楠／李菊（中）	秦志戩／楊影（中）

奧運會乒乓球（雙打）冠軍錄

屆別	時間	地點	男雙	女雙
24	1988.9～10	漢城	陳龍燦／韋晴光（中）	梁英子／玄靜和（韓）
25	1992.7～8	巴塞隆那	王濤／呂林（中）	鄧亞萍／喬紅（中）
26	1996.7～8	亞特蘭大	劉國梁／孔令輝（中）	鄧亞萍／喬紅（中）
27	2000.9～10	悉尼	王勵勤／閻森（中）	王楠／李菊（中）

乒乓球雙打

亞運會乒乓球（雙打）冠軍錄（1974～1998）

屆別	時間	地點	男　　雙	女　　雙	混　　雙
7	1974.9	德黑蘭	長谷川信彥／河野滿（日）	鄭懷穎／張立（中）	梁戈亮／鄭懷穎（中）
8	1978.12	曼谷	郭躍華／黃統生（中）	張立／張德英（中）	郭躍華／張立（中）
9	1982.11	新德里	小野誠治／阿部博幸（日）	曹燕華／戴麗麗（中）	謝賽克／曹燕華（中）
10	1986.9	漢城	滕義／惠鈞（中）	戴麗麗／耿麗娟（中）	滕義／戴麗麗（中）
11	1990.10	北京	馬文革／陳志斌（中）	玄靜和／洪次玉（韓）	韋晴光／鄧亞萍（中）
12	1994.9	廣島	李哲承／秋教成（韓）	劉偉／喬雲萍（中）	孔令輝／鄧亞萍（中）
13	1998.12	曼谷	孔令輝／劉國梁（中）	李菊／王楠（中）	王勵勤／王楠（中）

參考文獻

1. 邱鐘惠、莊家富等：《現代乒乓球技術的研究》，北京，人民體育出版社，1982年。

2. 全國體育院校教材委員會審查：《乒乓球》，體育學院通用教材，北京，人民體育出版社，1991年。

3. 秦一等譯：《世界遊戲大觀》，英國遊戲學會編，天津，天津人民出版社，1990年。

4. 楊惠恩、藍燕生等：《體育遊戲》，北京，北京體育學院出版社，1987年。

5. 吳煥群、張曉蓬等：《乒壇競技科學診斷》，北京，北京五色環文化發展公司，1996年。

大展出版社有限公司
品冠文化出版社

圖書目錄

地址：台北市北投區（石牌）　電話：（02）28236031
　　　致遠一路二段 12 巷 1 號　　　　　　28236033
郵撥：01669551＜大展＞　　　傳真：（02）28272069

・少年偵探・ 品冠編號 66

1.	怪盜二十面相	（精）	江戶川亂步著	特價 189 元
2.	少年偵探團	（精）	江戶川亂步著	特價 189 元
3.	妖怪博士	（精）	江戶川亂步著	特價 189 元
4.	大金塊	（精）	江戶川亂步著	特價 230 元
5.	青銅魔人	（精）	江戶川亂步著	特價 230 元
6.	地底魔術王	（精）	江戶川亂步著	特價 230 元
7.	透明怪人	（精）	江戶川亂步著	特價 230 元
8.	怪人四十面相	（精）	江戶川亂步著	特價 230 元
9.	宇宙怪人	（精）	江戶川亂步著	特價 230 元
10.	恐怖的鐵塔王國	（精）	江戶川亂步著	特價 230 元
11.	灰色巨人	（精）	江戶川亂步著	特價 230 元
12.	海底魔術師	（精）	江戶川亂步著	特價 230 元
13.	黃金豹	（精）	江戶川亂步著	特價 230 元
14.	魔法博士	（精）	江戶川亂步著	特價 230 元
15.	馬戲怪人	（精）	江戶川亂步著	特價 230 元
16.	魔人銅鑼	（精）	江戶川亂步著	特價 230 元
17.	魔法人偶	（精）	江戶川亂步著	特價 230 元
18.	奇面城的秘密	（精）	江戶川亂步著	特價 230 元
19.	夜光人	（精）	江戶川亂步著	
20.	塔上的魔術師	（精）	江戶川亂步著	
21.	鐵人Ｑ	（精）	江戶川亂步著	
22.	假面恐怖王	（精）	江戶川亂步著	
23.	電人Ｍ	（精）	江戶川亂步著	
24.	二十面相的詛咒	（精）	江戶川亂步著	
25.	飛天二十面相	（精）	江戶川亂步著	
26.	黃金怪獸	（精）	江戶川亂步著	

・生活廣場・ 品冠編號 61 ・

| 1. | 366 天誕生星 | 李芳黛譯 | 280 元 |
| 2. | 366 天誕生花與誕生石 | 李芳黛譯 | 280 元 |

・女醫師系列・ 品冠編號 62

・傳統民俗療法・ 品冠編號 63

·彩色圖解保健· 品冠編號 64

1.	瘦身	主婦之友社	300 元
2.	腰痛	主婦之友社	300 元
3.	肩膀痠痛	主婦之友社	300 元
4.	腰、膝、腳的疼痛	主婦之友社	300 元
5.	壓力、精神疲勞	主婦之友社	300 元
6.	眼睛疲勞、視力減退	主婦之友社	300 元

· 心 想 事 成 · 品冠編號 65

1.	魔法愛情點心	結城莫拉著	120 元
2.	可愛手工飾品	結城莫拉著	120 元
3.	可愛打扮 & 髮型	結城莫拉著	120 元
4.	撲克牌算命	結城莫拉著	120 元

· 熱 門 新 知 · 品冠編號 67

1.	圖解基因與 DNA （精）	中原英臣 主編	230 元

法律專欄連載 · 大展編號 58

台大法學院　　　　法律學系／策劃
　　　　　　　　　　法律服務社／編著

1.	別讓您的權利睡著了(1)	200 元
2.	別讓您的權利睡著了(2)	200 元

· 名 師 出 高 徒 · 大展編號 111

1.	武術基本功與基本動作	劉玉萍編著	200 元
2.	長拳入門與精進	吳彬　等著	220 元
3.	劍術刀術入門與精進	楊柏龍等著	220 元
4.	棍術、槍術入門與精進	邱丕相編著	220 元
5.	南拳入門與精進	朱瑞琪編著	220 元
6.	散手入門與精進	張　山等著	220 元
7.	太極拳入門與精進	李德印編著	280 元
8.	太極推手入門與精進	田金龍編著	220 元

· 實 用 武 術 技 擊 · 大展編號 112

1.	實用自衛拳法	溫佐惠著	250 元
2.	搏擊術精選	陳清山等著	220 元

3. 秘傳防身絕技	程崑彬著	230 元
4. 振藩截拳道入門	陳琦平著	220 元

·中國武術規定套路· 大展編號 113

1. 螳螂拳	中國武術系列	300 元
2. 劈掛拳	規定套路編寫組	300 元
3. 八極拳		

·中華傳統武術· 大展編號 114

1. 中華古今兵械圖考	裴錫榮主編	280 元
2. 武當劍	陳湘陵編著	200 元

·武術特輯· 大展編號 10

1. 陳式太極拳入門	馮志強編著	180 元
2. 武式太極拳	郝少如編著	200 元
3. 練功十八法入門	蕭京凌編著	120 元
4. 教門長拳	蕭京凌編著	150 元
5. 跆拳道	蕭京凌編譯	180 元
6. 正傳合氣道	程曉鈴譯	200 元
7. 圖解雙節棍	陳銘遠著	150 元
8. 格鬥空手道	鄭旭旭編著	200 元
9. 實用跆拳道	陳國榮編著	200 元
10. 武術初學指南	李文英、解守德編著	250 元
11. 泰國拳	陳國榮著	180 元
12. 中國式摔跤	黃　斌編著	180 元
13. 太極劍入門	李德印編著	180 元
14. 太極拳運動	運動司編	250 元
15. 太極拳譜	清·王宗岳等著	280 元
16. 散手初學	冷　峰編著	200 元
17. 南拳	朱瑞琪編著	180 元
18. 吳式太極劍	王培生著	200 元
19. 太極拳健身與技擊	王培生著	250 元
20. 秘傳武當八卦掌	狄兆龍著	250 元
21. 太極拳論譚	沈　壽著	250 元
22. 陳式太極拳技擊法	馬　虹著	250 元
23. 三十四式 太極劍 三十二式	闞桂香著	180 元
24. 楊式秘傳 129 式太極長拳	張楚全著	280 元
25. 楊式太極拳架詳解	林炳堯著	280 元
26. 華佗五禽劍	劉時榮著	180 元
27. 太極拳基礎講座：基本功與簡化 24 式	李德印著	250 元

・婦 幼 天 地・大展編號 16

·青 春 天 地· 大展編號 17

·健康天地· 大展編號 18

10

國家圖書館出版品預行編目資料

乒乓球雙打／李浩松著
——初版，——臺北市，大展，2002〔民91〕
面；21公分，——（運動遊戲；21）
ISBN 957-468-176-9（平裝）
1. 桌球
528.956   91018884

乒乓球雙打

ISBN 957-468-176-9

著　　者／李浩松
責任編輯／劉　筠　史　勇
發 行 人／蔡森明
出 版 者／大展出版社有限公司
社　　址／台北市北投區（石牌）致遠一路2段12巷1號
電　　話／（02）28236031・28236033・28233123
傳　　眞／（02）28272069
郵政劃撥／01669551
E－mail／dah jaan@yahoo.com.tw
登 記 證／局版臺業字第2171號
承 印 者／國順文具印刷行
裝　　訂／協億印製廠股份有限公司
排 版 者／弘益電腦排版有限公司
初版1刷／2002年（民91年）12月

定　價／180元

●本書若有破損、缺頁敬請寄回本社更換●

大展好書　好書大展
品嘗好書　冠群可期